발해고

우리가 버린 제국의 역사

발해고

우리가 버린 제국의 역사

유득공 지음 ― 김종성 옮김

위즈덤하우스

유득공이 남긴 최후의《발해고》

대조영의 발해에 대한 우리의 관념을 좌우하는 것들이 있다. 그중 하나는 서른일곱 살 때 유득공(1748~1807)이 했던 한마디다. 그는《발해고渤海考》서문에서 신라와 발해를 남북국 관계로 규정했다. 이것은 백제·고구려 멸망 뒤에 신라만 살아남아 통일국가가 되었다는 기존의 역사인식에 대한 도전이었다. 그것도 신선한 도전이었다. 남북국 관계라는 표현은 고구려 멸망 후에도 우리 민족이 약 250년간 만주를 더 지배했다고 밝혀주는 선언이었다. 그래서 자랑스러운 도전이었다. 남북 관계란 표현은 우리를 우울하게 만들어도, 남북국 관계란 말은 우리를 설레게 만들었다. 이처럼, 유득공의 한마디는 발해 역사에 대한 우리의 인식에 크게 이바지했다.

그런데 우리가 아는《발해고》, 그러니까 신라와 발해의 남북국 관계를 언급한 그《발해고》는 유득공의 유일한《발해고》도 아니고 최종적인《발해고》도 아니다. 서른일곱 살 때 우리가 아는《발해고》를 남긴 유득공은 정확히 언제인지는 단언할 수 없지만 세월이 상당히 흐른 뒤에《발해고》수정 작업에 착수했다. 서른일곱 살 때 쓴 것은 1권짜리고, 세월이 흐른 뒤에 쓴 것은 4권짜리다. 우리가 아는《발해고》의 개정판인 이 4권본《발해고》(이하 4권본)가 유득공의 문집 중 하나인《영재서종冷齋書種》에 들어갔고,《영재서종》과 그 속의 4권본이 도서 소장가인 심의평(1836~1919)의 필사 덕분에 우리 수중에 들어오게 되었다. 심의평이 손으로 필사한 4권본의 원문은 국립중앙도서관 홈페이지에서 확인할 수 있다. 4권본은 그동안 대중에게 소개되지 않았다. 이 번역서의 출간을 통해 세상에 최초로 모습을 드러내는 것이다.

1권본에 비해 4권본은 권수만 많은 게 아니라 분량도 훨씬 많다. 그만큼 유득공의 풍부해진 그리고 진전된 역사 지식을 담고 있다. 그런데 이 4권본에 유득공은 서문을 넣지 않았다. 이로 인해 1권본 서문에 있었던 남북국 발언을 4권본에서는 찾아볼 수 없게 되었다. 발해사에 대한 우리의 인식에 결정적 역할을 했던 그 한마디가 4권본에는 나오지 않는 것이다.

4권본에 들어갔어야 할 서문이 혹시 실수로 누락된 것은 아닐까? 그렇지는 않다. 그런 정황은 발견되지 않는다. 4권본을 읽어가다 보면, 이 문제는 절로 해결될 것이다. 서문이 빠진 게 아니라 처음부터 없었다는 판단에 무게가 실리게 될 것이기 때문이다.

유득공은 1권본을 쓰고 나서 상당한 세월이 흐른 다음에 4권본을 썼다. 이 사이에 그의 지식은 더욱더 깊어졌다. 이 점은 4권본의 분량이 길어진 점이나 중간마다 논평이 많이 들어간 점에서도 알 수 있다. 그렇게 지식이 깊어졌는데도 그는 남북국 관계를 언급한 서문을 생략했다. 이것은 발해사에 대한 지식이 축적되는 과정에서 그가 한층 더 조심스럽고 신중해졌을 가능성을 보여준다. 1권본의 서문을 통해 발해사의 성격에 대해 과감한 규정을 내렸던 그가 4권본에서 그렇게 하지 않은 것은, 발해사에 대한 심화 연구의 필요성을 절감했기 때문이라고 볼 수 있다.

어쩌면 4권본을 쓰고 나서 연구를 더 심화시킨 뒤에 새로운 《발해고》를 쓰려고 했을 수도 있다. 그 새로운 책에다가 서문을 쓰려고 했을 수 있다. 하지만 유득공은 4권본만 남긴 채 눈을 감았다. 이 때문에 지금으로서는 4권본을 통해 그의 머릿속을 들여다볼 수밖에 없다.

주의할 게 있다. 4권본에서 남북국이란 표현을 쓰지 않았다 하여, 유득공이 신라와 발해를 별개의 민족으로 봤다고 판단해서는 안 된다. 그는 만주를 우리 땅으로 인식했다. 이 점은 그가 만주 서부를 변한이라고 부른 사실에서도 드러난다. 신채호의 《조선상고사》에 따르면 고조선 서부, 즉 만주 서부는 고대에 변한으로 불렸다. 이렇게 만주 서부를 변한으로 지칭하는 것은 우리 민족만의 언어용법이었다. 유득공이 이런 표현을 사용한 것은 '만주는 우리 땅'이라는 인식이 있었기 때문이라고 판단할 수 있다. 유득공은 만주를 우리 땅으로 인식했을 뿐 아니라, 만주에서 세워진 발해 역시 우리 민족으로 인식했다. 이 점은 걸걸중상과 대조영 부자를 고구려 출신으로 소개한 언급에서도 확인할 수 있다.

이처럼 발해사를 우리 역사로 인식하면서도 4권본에서 남북국 관계란 표현을 쓰지 않은 것은, 발해사 연구를 축적해서 두 번째 개정판을 쓰는 기회에 좀더 종합적인 통찰을 서문에 담기 위해서였을 수도 있다. 그 서문에서 신라와 발해의 관계를 최종적으로 규정할 목적으로, 4권본에서 남북국 이야기를 뺐을 가능성이 있다.

이처럼 유득공은 처음에 1권본에서 했던 말을 나중에 4권본에서 하지 않았다. 이로 인해 결국에는 그 말을 하지 않은 셈이 되었다. 남북국 관계란 표현은 그가 사용하지 않은 말이 되는 것이다. 그러므로 이 표현을 근거로 발해사에 대한 우리의 인식을 정립하는 것은 타당하지 않다.

이것은 우리에게 유득공을 뛰어넘어 발해사의 지평을 우리 스스로 넓혀야 할 책무를 제시한다. 그의 힘을 빌리지 않고 우리 힘으로 역사 기록을 뒤져 발해사의 전모를 찾아야 할 의무를 보여주는 것이다. 그런 다음 우리가 해야 할 일은 《발해고》가 아닌 《발해사》를 서술하는 것이다. 미완성 원고라서 붙인 고考를 떼어내고, 보다 완전한 발해사 서적을 우리 힘으로 써내야 하는 것이다.

그러나 그렇다고 해서 발해사 연구에서 유득공의 위상이 가벼워지는 것은 결코 아니다. 우리가 보고 있는 4권본은 국내에서 최초로 출간되는 최후의 《발해고》다. 4권본에서는 1권본에는 없었던 진전된 역사 지식을 접할 수 있다. 4권본에서 우리는 발해 역사를 역동적으로 움직인 신하들, 광활한 대제국을 구성한 여러 지역들에 관해 더 많은 이야기를 들을 수 있다. 1권본에서는 소개되지 않은 발해 신하들과 발해 영토에 관한 이야기를 훨씬 더 세세하게 들을 수 있다. 그래서 4권본《발해고》는 발해사에 대한 우리의 인식을 새롭게 할 수 있는 귀중한 책이다. 그렇기 때문에 4권본을 통해 발해사에 대한 유득공의 기여도는 한층 더 높아질 것이다. 4권본은 이처럼 발해사 분야에서 유득공의 위상을 한층 더 높이는 동시에, 이 책을 읽는 우리의 어깨에도 한층 더한 짐을 얹게 될 것이다. 유득공이 1권본에 이어 4권본까지 남겨놓으면서도 '미완의 원고'란 의미의《발해고》란 명명을 끝내 철회하지 않은 것은, 4권본을 읽는 후손들이 자신의 원고를 완성시켜 주기 바랬기 때문이라 볼 수 있다. 그렇기 때문에, 그의 책을 받은 우리의 어깨가 한층 더 무거워지지 않을 수 없는 것이다. 4권본을 발판으로《발해고》를《발해사》로 업그레이드시켜야 할 책임이 우리 앞에 놓이게 된 것이다. 그런 의미에서 우리는 유득공의 독자가 아니라 유득공의 상속인이라 할 수 있을 것이다.

이 책에서는 독자들이 유득공의 진전된 지식을 좀더 정확히 이해할 수 있도록 번역문과 원문을 함께 실었다. 그리고 한문의 문장 구조에 대한 기초 이상의 지식을 가진 분들이라면 한자 사전 없이도 원문을 읽을 수 있도록, 원문을 최대한 잘게 분해해서 제시했다. 한문을 최대한 쉽게 해석할 수 있도록 표점 작업을 한 것이다. 그리고 구두점도 쉼표와 마침표 두 개만 사용했다. 중국인들의 표점 작업에서 흔히 볼 수 있는 콜론이나 따옴표는 사용하지 않았다. 또 한국어 문장의 가운뎃점에 해당하는 중국식 모점(、)도 쓰지 않았다. 원문을 최대한 잘게 분해하고 구두점도 최소화했기 때문에 독자들이 조금만 신경을 기울이면 한자 사전 없이도 유득공이 쓴 원문 내용을 이해할 수 있다.

여러모로 부족한 번역서이지만 이 책이 우리 민족 최후의 만주 지배자였던 발해의 역사에 대한 우리의 인식을 넓히고 또 우리 민족과 우리 역사가 새로운 새벽을 향해 저 멀리 뻗어나갈 수 있도록 하는 데 조금이나마 기여하게 되기를 소망한다.

2017년 1월
김종성

1권본과 4권본의 최대 차이점은 분량과 구성이다. 분량 면에서 4권본은 1권본보다 두툼하다. 1권본의 글자 수가 1만 4,144자인 데 비해 4권본은 1만 9,546자다. 4권본의 분량이 1권본보다 38.2퍼센트 더 많다. 구성 면에서는 4권본의 본문이 네 부분으로 나뉜 것 외에 서문이 사라지는 등의 변화가 있다. 이 외에, 오탈자를 비롯한 1권본의 오류들이 4권본에서 수정되고, 유득공의 논평이 4권본에 대거 추가된 것도 차이점이다. 이루 헤아릴 수 없는 차이점들을 한 번에 다 설명하는 것은 무리다. 그래서 여기서는 대략적인 차이점만 설명하고, 그 외의 차이점들은 본문의 각주를 통해 설명하고자 한다.

본문 구성 및 목차의 차이

구성의 차이는 목차에서 확연히 드러난다. 1권본에서는 목차가 소략했다. 〈군주고[君考]〉·〈신하고[臣考]〉·〈지리고地理考〉·〈직관고職官

考〉·〈의장고儀章考〉·〈물산고物産考〉·〈국어고國語考〉·〈국서고國書考〉·〈속
국고屬國考〉라는 아홉 개의 큰 제목만 있었다. 반면에 4권본에서는 본
문을 4권으로 4등분했다. 그러면서도 큰 제목이 여섯 개다. 제1권부
터 제3권까지는 각각 하나의 큰 제목을 배치했다. 〈군주고〉·〈신하
고〉·〈지리고〉가 그것이다. 그런데 제4권에는 〈직관고〉와 〈예문고〉라
는 두 개의 큰 제목을 배치했다. 그리고 본문 맨 뒤에는 〈정안국고〉라
는 부록을 두었다. 본문 구성이 달라지다 보니 1권본에 있었던 큰 제
목이 몇 개 사라졌다. 〈의장고〉는 4권본에서는 〈직관고〉에 흡수되고,
〈물산고〉와 〈국어고〉는 〈신하고〉에 흡수되었다.

서문의 생략

1권본에서는 유득공 본인과 실학자 박제가의 서문이 있었다. 유득공
의 동료 겸 후배인 성해응도 서문을 남겼다. 성해응의 서문은 1권본
이 아닌 《연경재전집研經齋全集》에 수록되어 있다. 이 전집은 성해응의
문집이다.

   1권본이 유명해진 것은 이 책이 발해 역사를 다뤘기 때문이기도 하
지만 무엇보다 유득공의 서문에 담긴 멋진 한마디 때문이기도 하다.
이 책의 서문에서 그는 신라와 발해를 남북국 관계로 파악했다. 이것
은 신라가 고구려·백제를 통일했다는 기존의 '통일신라' 관념에 대
한 도전이었다. 서문에서 그는 "부여씨(백제)가 망하고 고씨가 망하
자 김씨가 남쪽을 영유하고 대씨가 북쪽을 영유하고 발해라고 불렀

으니, 이것이 남북국이라 불리는 것이다"라면서 "당연히 남북국사가 있어야 하는데도 고려가 편찬하지 않은 것은 잘못이다"라고 꼬집었다. 이 대목이 유득공과 《발해고》의 명성을 높여주었다.

그런데 《영재서종》에 수록된 4권본에는 서문이 없다. 그래서 이 책에서는 남북국에 관한 언급을 찾아볼 수 없다. 본문에서도 언급을 찾을 수 없다. 이것은 유득공이 남북국 관념을 철회했거나 아니면 보류했을 가능성을 보여주는 것이다. 그렇다고 해서 발해와 신라가 남북국 관계가 안 되는 것은 아니다. 발해는 고구려를 계승하고 신라와 대립관계를 이루었다. 그러므로 두 나라가 남북국이란 적대적 공존 관계를 유지했다고 보는 게 당연하다.

유득공이 1권본의 서문을 쓴 시점은 서른일곱 살 때인 1784년이다. 4권본을 집필한 해가 언제인지는 알 수 없다. 1권본보다 내용이 풍부해진 점을 감안하면, 1784년으로부터 상당한 시간이 경과된 뒤에 4권본이 집필되었으리라고 생각할 수밖에 없다. 그러므로 그 시간의 경과 속에 1권본 서문에 대한 유득공의 생각이 바뀌었을 수도 있다. 그래서 4권본에서는 서문을 생략했을 수도 있다.

이것은 4권본을 쓸 당시에도 유득공의 인식이 완전히 정리되지 않았음을 뜻한다. 발해사에 관한 그의 이미지가 여전히 미완의 상태였을 수 있다. 이 점은 유득공의 역사 시집인 《이십일도회고시二十一都懷古詩》에서도 느낄 수 있다. 이 시집은 우리 역사에 등장하는 21개 도읍을 시로 읊으면서 설명을 곁들인 책이다. 조선 이전의 역대 왕조인 고조선부터 고려까지가 이 시집에 담겨 있다. 우리 역사를 전체적으로 다뤘다는 점에서, 이 시집은 유득공의 역사의식을 보여주는 책이라고 말할 수 있다.

이 시집이 처음 집필된 시점은 서른한 살 때인 1778년이다. 1권본을 쓰기 6년 전이었던 것이다. 그런데 1권본을 쓴 1784년으로부터 8년 뒤인 1792년에, 마흔다섯 살이 된 유득공은 《이십일도회고시》의 수정본을 내놓았다.

이 대목에서 주목할 게 있다. 1권본의 서문에서 발해와 신라를 남북국으로 묶었으므로, 8년 뒤에 집필한 《이십일도회고시》의 수정본에 발해 편을 넣었어야 한다. 《이십일도회고시》는 우리 역사를 전체적으로 정리하는 책이므로 발해 역시 여기서 다뤘어야 한다. 그렇게 되면 시집의 이름도 《이십이도회고시》로 수정해야 했을 것이다. 그런데 유득공은 발해 편을 이 시집에 넣지 않았다. 이는 1권본을 집필한 지 8년이 지난 뒤에도 발해사에 대한 인식이 완전히 정리되지 않았음을 의미한다. 이 같은 상태가 4권본 집필 때까지도 계속된 것으로 보인다. 그래서 서문을 생략한 것으로 보인다.

따라서 1권본의 서문을 근거로 발해사에 대한 유득공의 인식을 평가하는 것은 성급한 일이다. 1권본의 서문을 4권본에서 생략한 것은, 발해사에 대해 좀더 연구할 필요성을 느꼈기 때문이라고 볼 수 있다.

〈신하고〉의 확충

1권본에서는 〈신하고〉가 84개의 소제목으로 구성되어 있었다. 이에 비해 4권본의 〈신하고〉는 112개의 소제목으로 구성되었다. 새로이 추가된 신하들로는 양성구·오소탁·배정 등이 있다.

〈지리고〉의 확충

4권본에서는 〈지리고〉가 상당히 풍부해졌다. 형식면에서도 차이가 있다. 1권본에서는 여기저기 흩어져 있었던 지명들이 4권본에서는 한자리에 모였다. 그래서 내용이 훨씬 더 체계적이 되었다. 이러다 보니 유득공은 4권본에서 발해 지리에 관해 논평할 수 있는 여유도 갖게 되었다. 〈지리고〉 중간 중간에서 유득공은 훨씬 더 깊어진 지식을 바탕으로 지리 문제에 관한 각종 서적의 문제점을 비판했다. 한편, 〈지리고〉에서 유득공은 고구려를 고려로 일관되게 표현했다. 유득공이 말하는 고려를 왕건의 고려로 착각할 수 있으므로, 이 책에서는 이를 고구려로 표기했다.

| 목차 |

발해고

渤海考

거란계

속말강

요수

소요수

염난수

서경
압록부

암록강

살수

패수

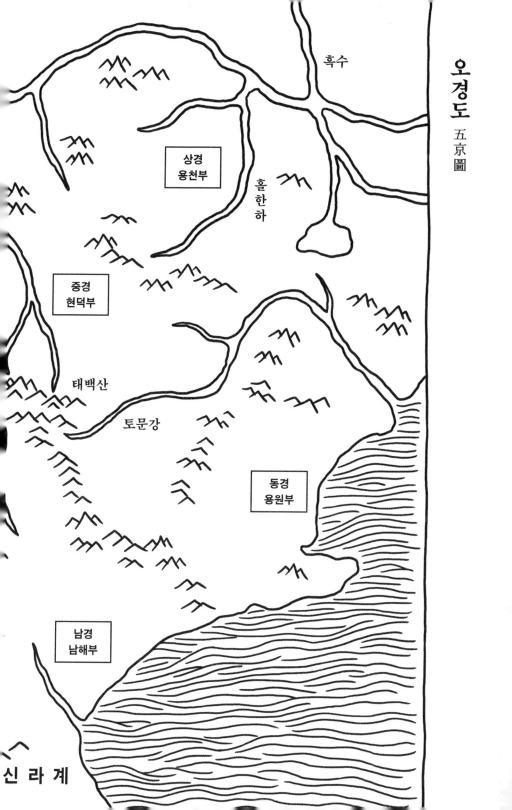

오경표[1]

五京表

상경용천부 上京龍泉府

주나라 때: 숙신씨의 땅이었다.

한나라 때: 읍루挹婁의 땅이었다.

당나라 때: 발해에 속했다.

요나라 때: 동단국東丹國에 속했다가 얼마 뒤 여진[2]에 속하게 되었다.

금나라 때: 상경회령부上京會寧府였다.

원나라 때: 수달달로水達達路였다.

명나라 때: 모련위毛憐衛였다.

청나라 때: 영고탑寧古塔[3]이다.

---

1 1권본에는 이 부분에 발해 역대 군주의 계보가 표로 정리되어 있다. 4권본에서는 이들의 계보를 싣는 대신, 다섯 도읍의 역사를 시대별로 정리했다. 원문에서는 이 부분이 표로 제시되어 있지만 여기서는 표를 제거하고 글자만 제시했다.

2 원문은 '여직女直'이다. 여진과 같은 의미다.

3 원문에서는 영고탑의 탑이 '탑塔'으로도 표기되고 '탑墖'으로도 표기되었다. 뜻은 다 같다.

우리 조정:[4]

▌上京龍泉府

周: 肅愼氏地.

漢: 挹婁地.

唐: 屬渤海.

遼: 隷東丹國, 尋, 屬女直.

金: 上京會寧府.

元: 水達達路.

明: 毛憐衛.

清: 寧古塔.

本朝:

중경현덕부中京顯德府

주나라 때: 숙신씨의 땅이었다.

한나라 때: 읍루의 땅이었다.

앞문장은 과거형인 데 비해 이 문장이 현재형인 것은, 이 책을 쓸 당시의 중국 왕조가 청나라였기 때문이다. 그래서 과거형과 현재형의 차이를 두었다.

4 유득공이 살던 시대의 중국은 청나라였다. 그렇기 때문에 '청나라 때' 밑에 '우리 조정[本朝]'을 둘 필요는 없다. 그런데도 그렇게 한 것은, 조선왕조가 관할하는 발해 고토에 대해 따로 표시하기 위해서였다. 상경용천부는 지금의 중국 헤이룽장 성 닝안 현에 있었다. 그래서 조선왕조의 영토가 아니었다. 이 때문에 '상경용천부' 항목에서는 '우리 조정' 부분에 공란을 두었다. 조선왕조의 영토인 경우 '우리 조정' 부분이 채워져 있다.

당나라 때: 발해에 속했다.

요나라 때: 동단국에 속했다가 얼마 뒤 여진에 속하게 되었다.

금나라 때: 회령부會寧府에 속했다.

원나라 때: 수달달로였다.

명나라 때: 모련위였다.

청나라 때: 길림吉林이다.

우리 조정:

❙ 中京顯德府

周: 肅愼氏地.

漢: 挹婁地.

唐: 屬渤海.

遼: 隷東丹國, 尋, 屬女直.

金: 隷會寧府.

元: 水達達路.

明: 毛憐衛.

清: 吉林.

本朝:

동경용원부東京龍原府

주나라 때:

한나라 때: 옥저 땅이었다. 현토군玄菟郡에 속했다가 나중에 고구려[5]

에 속하면서 책성柵城이라 불렸다.

당나라 때: 발해에 속했다.

요나라 때: 여진에 속했다.

금나라 때: 야란로耶懶路⁶였다.

원나라 때: 휼품로恤品路였다.

명나라 때:

청나라 때:

우리 조정: 경성부鏡城府다.

┃ 東京龍原府

周:

漢: 沃沮地. 隷玄菟郡, 後, 屬高句驪, 号柵城.

唐: 屬渤海.

遼: 屬女直.

金: 耶嬾路.

元: 恤品路.

明:

淸:

本朝: 鏡城府.

---

5 원문에는 '고구려高句麗'가 아닌 '고구려高句驪'로 표기되어 있다. 의미는 차이가 없다.
6 원문은 '야란로耶嬾路'로 표기되어 있다.

남경남해부南京南海府

주나라 때:

한나라 때: 옥저 땅이었다. 원봉 2년[7]에 현토군을 설치했다가 얼마 뒤 낙랑동부도위樂浪東部都尉에 속하게 되었다. 나중에 고구려에 속하게 되면서 남해라고 불렸다.

당나라 때: 발해에 속했다.

요나라 때: 여진 갈뢰전曷懶甸이었다. 고려가 아홉 성을 세웠지만 다시 여진으로 들어갔다.

금나라 때: 야란로였다.

원나라 때: 합란부哈蘭府였다.

명나라 때:

청나라 때:

우리 조정: 함흥부咸興府다.

▎南京南海府

　周:

　漢: 沃沮地. 元封二年, 置玄菟郡, 尋, 隷樂浪東部都尉, 後, 屬高句驪, 号南海.

　唐: 屬渤海.

7　한나라 무제 때인 기원진 109년이다.

遼: 女直曷懶甸. 高麗, 築九城, 復屬女直.

金: 耶懶路.

元: 哈蘭府.

明:

清:

本朝: 咸興府.

서경압록부西京鴨淥府

주나라 때: 기자조선 땅이었다.

한나라 때: 위만조선 땅이었다가 현토군에 예속되었으며 나중에 고구려에 예속되었다. 국내성國內城이 설치되었다.

당나라 때: 안동도호부에 예속되었다가 얼마 지나지 않아 발해에 예속되었다.

요나라 때: 녹주압록군淥州鴨淥軍[8]이 설치되었다가 얼마 지나지 않아 여진에 예속되었다.

금나라 때: 회령부에 예속되었다.

원나라 때: 개원로였다.

명나라 때: 건주위였다.

---

8   요나라의 지방행정구역에는 일반행정구역을 지칭하는 주州와 군사 요충지를 가리키는 군軍이 함께 들어간 지명들이 있다. 이런 곳은 일반 주와 구별하여 군주軍州로 불린다.

청나라 때: 길림이었다.

우리 조정: 강계부다. 네 개 군郡 등을 폐지한 곳이다.[9]

┃ 西京鴨淥府

周: 箕子朝鮮地.

漢: 衛滿朝鮮地. 隷玄菟郡, 後, 屬高句驪. 置國內城.

唐: 隷安東都護府, 尋, 屬渤海.

遼: 置淥州鴨淥軍, 尋, 屬女直.

金: 隷會寧府.

元: 開元路.

明: 建州衛.

清: 吉林.

本朝: 江界府. 廢四郡等地.

---

9 평안북도 동쪽에 있는 지금의 자강도 강계시에는 고려 말인 1369년경부터 진변군·진안
군·진성군·진녕군 등 네 개 군이 있었다. 이 지역들이 조선 태종 때인 1401년에 석주石州
로 통합되고 1403년에 강계부로 바뀌었다. 네 개 군을 폐지했다는 말은 이런 역사를 가리
키는 듯하다.

《발해고》 목차[1]

渤海考目錄

卷之一

君考

震國公 ᅵ 高王 ᅵ 武王 ᅵ 文王 ᅵ 廢王 ᅵ 成王 ᅵ 康王 ᅵ 定王 ᅵ 僖王 ᅵ 簡王 ᅵ 宣王 ᅵ 王彛震 ᅵ 王虔晃 ᅵ 王玄錫 ᅵ 王諲譔 ᅵ 琰府王 ᅵ 興遼主

卷之二

臣考

大門藝, 大壹夏, 馬文軌, 蔥勿雅 ᅵ 大野勃, 大宏臨, 大新德 ᅵ 任雅相, 張文休, 大郎雅 ᅵ 大常淸, 大貞翰, 大淸允 ᅵ 大能信, 茹富仇 ᅵ 大叡 ᅵ 大明俊, 高寶英, 大先晟 ᅵ 高元固 ᅵ 大元兼 ᅵ 衛均 ᅵ 大素賢 ᅵ 高模翰 ᅵ 崔烏斯 ᅵ 大鸞河, 李勣 ᅵ 高仁義, 德周, 舍那婁, 高齋德 ᅵ 胥要德, 已珍蒙, 已闕棄蒙 ᅵ 慕施蒙 ᅵ 揚承慶, 揚泰師, 馮方禮 ᅵ 高南申, 高興福, 李能本, 安貴寶, 揚方慶 ᅵ 王新福, 揚褒珍, 達能信 ᅵ 壹萬祿, 慕昌拜 ᅵ 烏須弗 ᅵ 史都蒙, 高祿思, 高鬱琳, 高淑源, 史道仙, 高珪宣 ᅵ 張仙壽 ᅵ 高伴粥, 高說昌 ᅵ 呂定琳 ᅵ 大昌泰 ᅵ 高南容, 高多弗 ᅵ 馬孝愼 ᅵ 王孝廉, 高景秀, 高莫善, 王昇基 ᅵ 王文矩 ᅵ 貞泰, 璋璿 ᅵ 烏孝愼, 揚成矩, 裵頲, 裵文, 裵璆 ᅵ 烏炤度, (子)[2]光贊 ᅵ 申德 ᅵ 大和鈞, 大元均, 大福謨, 大審理 ᅵ 冒豆干,

---

1 《발해고》에는 〈오경표〉 뒤에 목차가 있다. 그런데 목차의 한글 번역문은 앞에서 이미 제시했으므로 여기서는 목차 원문만 싣는다.

2 광찬이 오소탁의 아들이라고 표시한 주석이다.

朴漁ㅣ嗚興, (僧)³戴碓ㅣ金神ㅣ大儒範ㅣ隱繼宗ㅣ洪見ㅣ正近ㅣ大光顯
ㅣ陳林ㅣ朴昇ㅣ高吉德ㅣ大延定ㅣ劉忠定, 大慶翰ㅣ李匡祿ㅣ大道行郎,
高眞祥, 王光祿ㅣ沙志明童, 史通, 薩五德, 亏音若已, 所乙史, 高城, 李
南松, 首乙分, 可守, 帝叱火, 先宋, 奇叱火ㅣ開好

卷之三
地理考

京府建置ㅣ州縣沿革ㅣ山川古今名ㅣ十五府辨(上京龍泉府, 中京顯德府, 東
京龍原府, 南京南海府, 西京鴨涤府, 長嶺府, 扶餘府, 鄭頡府, 定理府, 安邊府, 率賓府,
東平府, 鐵利府, 裛遠府, 安遠府)ㅣ渤海新羅分界

卷之四
職官考

文職ㅣ武職ㅣ品服

藝文考

唐玄宗勅武王書四ㅣ武王与日本國聖武天皇書ㅣ文王与日本國聖武天
皇書ㅣ康王与日本國桓武天皇書四

(附)定安國考

渤海考目錄終.

---

3 원문에서는 주석 처리 없이 '승대대僧戴碓'라고 나온다. 이렇게 되면 '승僧'이 성씨였다는
 말이 된다. 하지만 여기의 '僧'은 직업을 가리키는 표현이다. 그러므로 앞의 '(子)光贊'처
 럼 '僧'을 유득공의 주석으로 처리해서 괄호에 넣었다.

제 1 권

《발해고》제1권

한산주* 유득공 짓다

┃ 渤海考卷之一

漢山州柳得恭 撰

---

* 한산주는 신라 때 지명이다. 지금의 황해도·경기도·충청도에 걸쳐 있던 지역이다(옮긴이 주).

군주고

君考

진국공震國公

진국공은 성은 대씨大氏고 이름은 걸걸중상乞乞仲像이며 속말말갈粟末 鞨羯 사람이다. 속말말갈은 속말수粟末水를 근거지로 하여 고구려의 신하로 살았다. 당나라 고종 때인 총장[1] 1년[2]에 고구려가 망하자 걸걸 중상은 아들 대조영大祚榮과 함께 가솔들을 거느리고 영주營州로 옮겨 간 뒤 스스로를 사리舍利라고 불렀다. 사리는 거란으로 족장[3]이란 뜻

---

1 668년과 669년에 사용된 당나라 연호다. 총장 1년은 668년이다.
2 1권본에는 '년年'이란 글자가 사용된 데 반해 4권본에서는 대체로 '계季'란 글자가 사용되었다. 이하의 본문에서도 마찬가지다. 뜻은 같다.
3 원문은 '장관帳官'이다. 이것을 한자 발음 그대로 '장관'으로 번역하면 한국인들은 조선시대 판서급의 장관을 연상하게 된다. 대걸걸중상 당시의 느낌을 살리려면 '장관' 대신 '족장'이라고 번역해야 한다. 대걸걸중상의 초기 직함인 사리에 관한 설명은 한자로 표기된 요나라 역사서인《요사遼史》〈국어풀이〉에서 확인할 수 있다. 한자로 국어해國語解라는 제목이 붙은 〈국어풀이〉에서는 사리를 두고 "거란의 세력가로서 두건을 두르고자 하는 사람이 소, 낙타 10필, 말 100필을 납부하면 관직을 주고 사리라고 불렀다"라면서 "(이것이) 나중에 제장관諸帳官이 되면서 낭군郎君을 아래에 두게 되었다"고 했다. 유득공이 사리를 장관

이다.

측천무후則天武后[4] 때인 만세통천 1년[5]에 거란족인 송막도독松漠都督 이진충李盡忠이 성주자사誠州刺史 손만영孫萬榮 밑에 들어간 뒤 당나라에 반기를 들면서 영주를 점령하고 도독都督 조문훼趙文翽를 죽였다. 이에 놀란 걸걸중상은 말갈족 추장 걸사비우乞四比羽 및 고구려 유민들과 함께 동쪽으로 달아난 뒤 태백산太白山[6] 동북쪽을 차지했으며, 오루하奧婁河를 근거지로 울타리를 치고 방어를 도모했다. 측천무후가 걸걸중상을 진국공으로 책봉하고 걸사비우를 허국공許國公으로 책봉했지만 걸사비우는 받아들이지 않았다. 그러자 측천무후는 옥금위대장군玉鈐衛大將軍 이해고李楷固와 중랑장中郞將 색구索仇에게 조서를 내려 걸사비우를 쳐서 베도록 했다. 이때는 걸걸중상이 이미 사망한

으로 풀이한 것은 이 대목에 근거한 것으로 보인다. 그런데 정확히 하면 장관이 아니라 제장관이다. 발해가 멸망한 서기 10세기에 나온 제장관이란 관직은 각 부족의 귀족에게 주는 것이었다. 유득공이 사리를 장관으로 해석한 것은 대걸걸중상 당시의 사리가 10세기 이후의 제장관과 비슷하다고 판단했기 때문이라 생각된다. 이런 점들을 고려할 때, 본문의 장관은 족장으로 대체하는 게 합당하다고 여겼다.

4 무측천(624~705). 당나라의 후궁이었다가 나중에는 당나라를 멸망시키고 주나라를 세웠다. 이 주나라는 무측천이 세운 주나라라고 해서 무주武周로도 불린다. 그가 황제였다는 사실을 인정하는 쪽은 무측천으로 부르고, 그렇지 않은 쪽은 측천무후라고 부른다. 측천무후라고 부르는 쪽은 그가 후궁에서 황후가 된 사실까지만 인정하고, 황제가 된 사실은 인정하지 않으려는 것이다.

5 원문에는 '만세통천 2년'으로 표기되어 있지만 정확한 연도는 '만세통천 1년'이다. 이때는 696년이었다. 유득공이 실수했을 것이라고 판단해, 그가 원래 쓰고자 했던 '만세통천 1년'을 본문에 넣었다.

6 백두산.

뒤였다.

▌震國公: 震國公, 姓, 大氏, 名, 乞乞仲象, 粟末靺鞨人也. 粟末靺鞨
者, 依粟末水以居, 臣於高句麗者也. 唐高宗總章元季, 高句麗, 滅,
仲象与子祚榮, 率家屬, 徙居營州, 稱舍利. 舍利者, 契丹語帳官也.
武后萬歲通天二季, 契丹松漠都督李盡忠, 歸誠州刺史孫萬榮, 叛
唐, 陷營州, 殺都督趙文翽. 仲象懼, 与靺鞨酋乞四比羽及高句麗
破部, 東走渡遼水, 保太白山之東北, 阻奧婁河, 樹壁, 自固. 武后,
封仲象, 爲震國公, 比羽, 爲許國公, 比羽, 不受命, 武后, 詔玉鈐衛
大將軍李楷固, 中郎將索仇, 擊斬比羽, 是時, 仲象, 已卒.

고왕高王

고왕은 이름이 대조영이며 진국공의 아들이다. 이전에 고구려 장수
였다. 날래고 용감하며 말타기와 활쏘기를 잘했다. 진국공이 죽고 걸
사비우가 패해 죽자 조영은 몸을 숨겼다. 이해고가 끝까지 추격하면
서 천문령天門嶺을 넘어서자 조영은 고구려 및 말갈 병사들을 거느리
고 그를 대파했다. 해고는 겨우 몸만 건졌다.

조영은 곧바로 걸사비우의 무리와 함께 읍루의 동모산東牟山에 거
점을 만들었다. 그러자 말갈 및 고구려 유민들이 다들 그에게 모였다.
뒤이어 사신을 파견하여 돌궐과 수교하는 한편, 부여·옥저·조선·변
한[7]에 있는 바다 북쪽[8] 10여 나라를 점령했다. 이로써 동쪽으로는 바
다에 닿고 서쪽으로는 거란과 닿으며 남쪽으로는 니하泥河[9]를 경계로

신라와 접하게 되었다. 영토는 사방 5,000리가 되고 가구는 10만여 호가 되었으며 정예병은 수만 명이었다. 문자를 학습했으며, 풍속이

---

7 부여·옥저·조선·변한은 유득공 당시의 지명이 아니다. 이 부분에서 유득공은 자기 시대의 지명을 사용하지 않고 해당 지역을 지배했던 고대 국가의 명칭을 사용했다. 유득공이 이런 지명들을 사용해서 대조영의 영토 확장을 서술한 것은 그가 확보한 영토가 고대로부터 한민족의 영역이었음을 은근히 표시하기 위해서였던 것으로 보인다. 신채호는《조선상고사朝鮮上古史》에서 북부여는 지금의 하얼빈에 근거지를 두었고 동부여는 두만강 북쪽의 훈춘에 근거지를 두었으며 남부여는 지금의 함경남도 함흥에 근거지를 두었다고 했다. 옥저의 경우에는 두만강 이북과 이남에 근거지를 두었다고 했다. 한편, 조선은 두 가지 의미로 사용되었다. 고조선 전체를 의미하는 표현으로도 쓰였고 고조선 중에서도 중심 국가인 신조선을 지칭하는 표현으로도 쓰였다. 여기에서는 후자를 지칭하는 것으로 보인다. 왜냐하면, '조선' 바로 뒤에 있는 '변한'이라는 표현은 신조선과 더불어 고조선을 형성한 불조선의 별칭이었기 때문이다.《조선상고사》에 따르면, 고조선의 3대 연맹인 신조선·불조선·말조선은 각각 진한·변한·마한으로 불렸다. 신조선은 본래 만주 동북부, 불조선은 만주 서부, 말조선은 한반도 북부에 있었다고 했다. 그러다가 고조선이 약해지면서 세 개 조선, 즉 삼한 모두 한반도로 이동해, 우리가 아는 삼한의 역사가 펼쳐졌다는 것이다. 이를 토대로 하면, 대조영이 점령한 부여·옥저·조선·변한은 만주 동북부, 두만강 이북 및 이남, 만주 서부를 가리키는 표현이라 해석할 수 있다. 이렇게 해석하면 대조영이 실제로 점령한 영토와도 일치한다. 20세기 초반에 활동한 신채호가 말한 부여·옥저·조선·변한의 위치와 18세기 후반에 활동한 유득공이 말한 네 지명의 위치가 일치한다는 사실은, 두 사람이 살던 시대에는 오늘날 우리가 볼 수 없는 역사 기록이 많이 있었음을 뜻하는 것이라고 볼 수 있다.

8 바다 북쪽을 지칭하는 '해북海北'이란 말이 이상하게 다가올 수도 있다. 한반도 북부의 만주 땅을 두고 해북이란 표현을 쓴 것은 한민족한테는 쉽게 이해되지 않는 일이다. 하지만 유득공처럼 중국 서적을 많이 읽은 당대 지식인의 관점에 서게 되면 이상한 말이 아닐 수 있다. 중국인들의 입장에서는 발해만(산둥반도 위쪽)이나 서해(중국 측 표현은 황해) 같은 바다의 위쪽에 만주 땅이 있다. 유득공 역시 중국 서적을 많이 읽었기 때문에 무의식중에 해북이란 표현을 썼을 수도 있다.

9 유득공은《발해고》〈지리고〉에서 니하는 패수라고 했다. 또한 패수는 헌우락(한우락)이라고 했다. 유득공은 니하를 요동 땅에 있는 헌우락이라는 강으로 본 것이다. 하지만 위의 본문에서 말한 니하는 그 니하가 아니라 함경남도의 용흥강을 가리키는 것으로 보인다. 용흥

고구려 및 거란과 거의 비슷했다. 성력[10] 시기에 국호는 진震이었으며,[11] 진조震朝로도 불렸다. 그는 스스로 진국왕이 되어 홀한성忽汗城을 쌓고 이곳에 거주했다. 여기는 영주 동쪽 2,000리였다.

당시 해족奚族[12]과 거란이 당나라에 반기를 들면서 길이 막히고 끊겼기 때문에 측천무후는 가서 공격할 수 없었다.[13] 중종이 즉위한 뒤 시어사侍御史 장행급張行笈을 보내 마음을 달래주자 왕 역시 아들을 보내 황제를 모시도록 했다. 현종이 개원 1년[14]에 낭장郎將 최흔崔訢을 보

강도 니하라 불렸다. 유득공이 말한 발해와 신라의 경계는 용흥강이었던 것으로 보인다.

10 측천무후가 세운 주나라의 연호로 698년과 699년을 가리킨다.

11 1권본에는 "《신당서新唐書》에서는 진振이라고 했으며,《문헌비고文獻備考》에서는 진조震朝라고 했다"는 주석이 달려 있다.

12 고비사막 이남의 내몽골에서 활동한 민족이다. 몽골초원에서 중국 영토로 편입된 부분이 내몽골이고 몽골 영토로 남아 있는 부분은 외몽골이다.

13 해족 및 거란족이 반기를 든 일로 인해 당나라가 발해를 공격할 수 없었다는 이야기다.

14 1권본에는 '선천 2년'으로 되어 있다. 엄밀히 말하면 선천 2년이 맞지만 개원 1년이라고 해도 틀리지 않는다. 당나라 현종의 집권 초반인 712년에 채택된 연호인 선천은 당나라 역사서인《구당서舊唐書》〈현종 본기〉에 따르면 음력으로 이듬해인 계축년 12월 1일까지 사용되었다. 양력으로 713년 12월 22일까지 사용된 것이다. 이날 개원이란 연호가 채택되었다. 그러므로 양력 713년에는 개원 연호가 사용된 게 9일밖에 되지 않는다. 그렇기 때문에 713년과 관련해서는 개원 1년보다는 선천 2년을 사용하는 게 원칙에 맞다. 하지만 그 해에 개원 연호가 새로이 채택되었으므로 개원 1년이라고 해도 틀리지는 않는다. 유득공은 1권본에서 선천 2년이라고 해놓고 4권본에서 개원 1년으로 수정했다. 선천 2년이라고 한 것은《구당서》와 이것의 개정판인《신당서》에 근거한 것이다. 두 책에는 당나라의 사신 파견이 선천 2년에 있었다고 기록되어 있다. 유득공이 별다른 생각 없이 이를 개원 1년으로 수정한 듯하다. 그런데 본문에서 유득공은 사신을 파견한 주체가 현종이라고 했지만《구당서》와《신당서》에서는 한결같이 예종이 행위 주체라고 했다. 현종의 아버지인 예종은 712년에 현종에게 황위를 물려주었다. 그렇기 때문에 713년에 예종이 발해에 사신을 파

내 왕을 좌효위대장군左驍衛大將軍 겸 발해군왕渤海郡王으로 책봉하는 한편, 그가 통치하는 땅을 홀한주忽汗州로 정하고 홀한주도독忽汗州都督이 되도록 했다. 이때 비로소 말갈이란 칭호를 버리고 오로지 발해로만 부르게 되었다. 그 후로 대대로 당나라에 조공[15]을 하고 유주절도부幽州節度府와도 사신을 교환했다.[16] 부여부扶餘府에 정예병을 배치하고 이를 통해 거란과 신라에 대비했다.[17] 효소왕 9년[18]에 사신을 보내 신라를 방문하도록 했다.[19] 개원 7년,[20] 왕이 훙거했다.[21]

견할 수는 없다. 이런 점을 고려하여 유득공이 예종을 현종으로 고친 듯하다. 하지만 당시 당나라의 정치현실을 고려하면 사신 파견의 주체가 현종이 아니라 예종이었음을 알 수 있다. 아들에게 황위를 물려준 뒤에 예종이 보여준 행동은 조선 태종 이방원의 행동을 연상케 한다. 이방원이 상왕이 된 뒤에도 4년간 실질적인 주상 역할을 한 것처럼, 예종 역시 양위를 한 뒤에도 1년 4개월 정도나 실질적인 황제 역할을 했다. 예종이 상황으로서 실권을 행사하던 시기에 발해 대조영에 대한 사신 파견이 있었던 것이다. 《구당서》와 《신당서》에서 사신의 파견 주체를 예종이라고 한 것은 그런 이유 때문이다. 그리고 아들 현종이 실권을 잡으면서 채택한 연호가 바로 개원이다. 선천 연호는 형식상으로는 현종의 연호였지만 실제로는 상황인 예종의 연호나 다름없었다.

15 조공에 대한 답례로 회사回賜란 것이 있었다. 신하국이 조공을 하면 황제국은 회사를 했다. 일종의 물물교환 형식으로 예물을 주고받았으므로, 조공과 회사는 실질적으로 보면 무역 행위였다. 유목민이 아닌 중국 한족이 황제국인 경우, 일반적으로 조공-회사 무역에서는 중국이 적자를 봤다. 조공에 대해 회사가 제공되지 않는 경우는 원칙상 있을 수 없었다. 황제국이 회사를 제공하지 않으면 전쟁이나 단교를 자초할 수밖에 없었다.

16 유주절도부와의 사신 교환은 발해 후기부터 있었다.

17 1권본에는 "거란에 대비했다"라고 되어 있다.

18 양력으로 700년에 해당한다.

19 1권본에는 이 문장이 없다.

20 719년.

21 1권본에는 이 문장 뒤에 "3월 병진일에 당나라에 사람을 보냈다"라는 문장이 있다. 부고를

▌高王: 高王, 名, 祚榮, 震國公子也. 嘗爲高句麗將, 驍勇善騎射. 及

震國公卒, 乞四比羽, 敗死, 祚榮, 遁. 李楷固, 窮躡度天門嶺, 祚

榮, 引高句麗靺鞨兵, 大破之 楷固, 僅以身免. 祚榮, 卽幷比羽之

衆, 據挹婁之東牟山, 靺鞨及高句麗舊人, 悉歸之. 遂遣使, 交突厥,

略有夫餘,[22] 沃沮, 朝鮮, 弁韓, 海北十餘國. 東窮海, 西契丹, 南接

新羅, 以泥河爲界. 地, 方五千里, 戶, 十餘萬, 勝兵, 數萬. 學習, 書

契, 俗, 与高句麗, 契丹, 略同. 聖曆中, 國號, 震, 亦稱震朝. 自立,

爲震國王, 築忽汗城, 以居, 直營州東, 二千里. 時, 奚, 契丹, 皆叛

唐, 道路, 阻絶, 武后, 不能致討焉. 中宗, 卽位, 遣侍御史張行岌,

慰撫之, 王, 亦遣子, 入侍. 玄宗開元元季, 遣郞將崔訢, 册王左驍

衛大將軍渤海郡王, 以所統爲忽汗州, 領忽汗州都督. 始去靺鞨號,

專稱渤海. 自是以後, 世朝, 獻唐, 与幽州節度府, 相聘問. 屯勁兵

於夫餘府, 以備契丹, 新羅. 孝昭王九季, 遣使聘新羅. 開元七季,

王, 薨.

무왕武王

무왕은 이름[23]이 대무예大武藝이며 고왕의 아들이다. 처음에는 계루군

알릴 사신을 그때 보냈던 것이다.

22 원문에서는 '부여扶餘'와 '부여夫餘'가 혼용되고 있다. 의미는 차이가 없다.

23 원문은 '명名'이다. 1권본에서는 '휘諱'라는 글자를 써서 높임의 뜻을 표시했다.

왕桂婁郡王에 책봉되었다. 개원 7년 6월 정묘일,[24] 당나라는 좌감문솔左監門率 오사겸吳思謙이 홍려경鴻臚卿 직을 겸하고 사신이 되어 조문하도록 하면서, 왕을 좌효위대장군 겸 홀한주도독 겸 발해군왕으로 책봉했다. 뒤이어 왕은 연호를 인안仁安[25]으로 바꾸고 영토 개척에 나섰다. 주州와 군郡을 설치했으며,[26] 큰 고을에는 도독都督을 두고 그 다음 고을에는 자사刺史를 두었다.[27] 동북방 오랑캐들이 두려워하며 다들 신하를 자처했다.

개원 14년[28]에 흑수말갈黑水靺鞨 사신이 알현하러 오자 당나라 현종은 그 땅에 흑수주黑水州를 설치하고 장사長史[29]를 파견해 총괄하도록 했다. 그러자 왕은 여러 신하들을 불러들여 "흑수는 처음에는 우리한테서 길을 빌려 당나라와 통교했다. 나중에 돌궐에 토둔吐屯[30] 관직

---

24 개원 7년 6월 정묘일(10일)은 양력으로 719년 7월 1일이다.

25 인안 연호는 719~737년 기간에 사용되었다. 독자적인 연호를 갖는다는 것은 황제국의 위상을 보유한다는 의미였다. 발해가 당나라의 책봉을 받으면서도 독자적인 연호를 가졌다는 것은 당나라에 대한 발해의 사대가 형식적이었음을 보여주는 것이다. 그렇게 형식적으로라도 사대를 한 것은 당나라와 평화적으로 공존하기 위한 것이기도 했지만 조공과 회사라는 물물교환을 통해 무역흑자를 얻기 위한 것이기도 했다.

26 1권본에서는 이 구절이 "관행에 따라 관館과 역驛을 두지 않고 곳곳에 촌락을 두고 말갈족을 백성으로 삼았으며"라고 되어 있다.

27 1권본에서는 "큰 고을에는 도독을 두고 그 다음에는 자사를 두고 그 아래에 수령을 두었다"라고 했다.

28 726년.

29 각 기관의 사무총장이나 사무국장 정도의 위상을 갖고 있었다.

30 속국에 가서 감독 역할을 하는 돌궐족의 관직.

을 요청할 때도 먼저 우리에게 알리고 우리 사신과 함께 길을 떠났다. 그런데 지금 당나라에 관직을 요청하면서도 우리에게는 알리지 않았다. 이는 필시 당나라와 짜고 앞뒤에서 우리를 공격하기 위한 것이다"라고 말했다. 그런 뒤에 동생 대문예大門藝와 외삼촌[31] 임아상任雅相[32]이 군대를 이끌고 가서 흑수를 치도록 했다. 그러나 문예는 충언을 하면서 말을 듣지 않다가 당나라로 도망갔다. 이로 인해 당나라와 갈라지게 되었다.

당나라 개원 20년,[33] 대장大將 장문휴張文休를 시켜 바다 건너[34] 등주登州를 공격하고 자사 위준韋俊을 죽였다. 한편으로, 군대를 이끌고 마도산馬都山으로 진격해서 성읍城邑을 도살하고 함락한 뒤[35] "선왕의 치욕을 씻었다"고 말했지만 실은 문예의 사건에 대해 원한을 품었기 때문이다. 현종은 크게 노해 우령군장군右領軍將軍 갈복순葛福順에게 군대를 동원해 공격할 것을 명령했다. 21년, 다시 문예에게 유주幽州 군대를 동원해 공격할 것을 명령했다.

---

31 외삼촌을 지칭하는 데 사용된 '구舅'라는 글자는 장인을 지칭하는 데도 쓰인다.

32 1권본에는 '아아상雅雅相'으로 되어 있다.

33 732년.

34 1권본에는 "해적을 이끌고 바다를 건너"라고 되어 있다.《구당서》〈발해말갈 열전〉에도 "해적을 이끌고"라고 되어 있다.

35 1권본에는 "한편으로, 군대를 이끌고 마도산으로 진격해서 읍을 도살하고 함락한 뒤"라는 부분이 없다. 무왕이 지금의 중국 허베이 성에 있는 마도산까지 진격해서 전투를 벌인 이야기는《신당서》〈오승자 열전〉등에 수록되어 있다.

또 내사성 고관인 하행성何行成과 태복원외랑太僕員外郎[36] 김사란金思蘭을 사신으로 신라에 보내 신라왕 김흥광金興光[37]에게 개부의동삼사開府儀同三司 직을 수여했다. 동시에, 지절충녕해군사持節充寧海軍使 겸 계림주대도독鷄林州大都督을 수여하면서 "발해가 겉으로는 제후국이라 하면서 속으로는 교활한 마음을 품고 지금 군대를 동원하려 해서 죄를 묻고자 하노니, 경 역시 군대를 동원해 남쪽 변경을 치라"고 말했다. 그러면서 신라 명장 김유신金庾信의 손자인 김윤중金允中을 장군에 임명하고 금과 비단을 하사했다. 신라왕은 윤중을 비롯한 네 명의 장군에게 병력을 이끌고 가서 당나라 군대와 함께 공격하도록[38] 했다. 하지만 공교롭게도 큰 눈이 한 길이나 내려 산길이 막히고 병사[39]들이 절반 이상이나 얼어 죽었다. 그래서 모두 접고 돌아갔다.

이듬해에 신라인 김충신金忠信이 황제의 재가를 받고 귀국한 뒤 발해를 치겠다는 글을 당나라에 올렸다. 현종이 허락했지만 끝내 성과가 생기지 않았으며, 흑수 땅이 모두 발해에 복속되었다. 이때 비로소 왕은 일본과 국교를 맺었다. 일본은 조신충마려朝臣蟲麻呂를 시켜

---

36 원문에는 '대복원외랑大僕員外郎'이라고 되어 있지만 '대大'와 '태太'는 별 차이 없이 혼용되었다.

37 성덕왕(재위 702~737).

38 1권본에서는 '벌伐'이란 한자를 사용한 데 비해, 4권본에서는 '격擊'이란 한자를 사용했다. '伐'은 정당한 무력행사라는 뉘앙스를 풍긴다. 그래서 보다 더 중립적인 표현인 '擊'으로 수정한 것으로 보인다.

39 1권본의 원문은 '사졸士卒'이고 4권본의 원문은 '사士'다.

예방하도록 했다. 개원 26년,[40] 왕이 훙거했다.

▌武王: 武王, 名, 武藝, 高王子也. 初, 封桂婁郡王. 開元七季六月丁卯, 唐, 以左監門率吳思謙, 攝鴻臚卿, 充使, 弔祭, 册王左驍衛大將軍忽汗州都督渤海郡王. 王, 遂改元仁安, 開斥土宇. 置州郡, 大州, 有都督, 次, 曰刺史. 東北諸夷, 皆畏, 而臣之. 開元十四季, 黑水靺鞨使者, 入朝, 唐玄宗, 以其地, 建黑水州, 置長史, 臨總. 王, 召群臣, 謀曰. 黑水, 始假道於我, 与唐通. 異時, 請吐屯於突厥, 皆先告我, 与我使, 偕行, 今, 請唐官, 不吾告, 是, 必与唐謀, 腹背, 攻我也. 乃遣弟門藝及舅任雅相, 發兵, 擊黑水. 門藝, 諫, 不從, 奔唐. 由是, 貳於唐. 開元二十季, 遣大將張文休, 越海, 攻登州, 殺刺史韋俊, 進兵馬都山, 屠陷城邑, 謂之雪先王之耻, 其實, 恨門藝事也, 玄宗, 大怒, 命右領軍將軍葛福順, 發兵, 討之. 二十一季, 又遣門藝, 發幽州兵, 擊之. 又遣內史高品何行成, 大僕員外郎金思蘭, 使新羅, 授新羅王金興光開府儀同三司持節充寧海軍使雞林州大都督, 諭曰. 渤海, 外, 稱藩翰, 內, 襄狡猾, 今欲出兵, 問罪, 卿, 亦發兵, 擊其南鄙. 又勑新羅名將金庾信孫允中, 爲將, 賜金帛, 新羅王, 遣允中等四將, 率兵, 會唐師, 共擊. 會大雪丈餘, 山路, 阻隘, 士凍死過半, 皆, 罷歸. 明季, 新羅人金忠信, 上書於唐, 請奉旨, 歸

---

40 738년. 무왕이 실제로 사망한 해는 737년이다.

國, 討渤海. 玄宗, 許之, 竟無功, 而黑水之地, 皆服於渤海矣. 王,
始通好于日本. 日本使朝臣蟲麻呂, 來聘. 開元二十六季, 王, 薨.

문왕文王

문왕은 이름이 대흠무大欽茂이며 무왕의 아들이다. 연호를 대흥大
興[41]으로 고쳤다. 개원 26년,[42] 당나라가 내시內侍 단수간段守簡을 파견
해 왕을 좌효위대장군 겸 홀한주도독 겸 발해군왕으로 책봉하자 왕
은 조서를 받들었다. 또 국내에 사면령을 내렸다. 그리고 단수간 편
에 사신을 보내 알현하도록 하면서 《당례唐禮》, 《삼국지三國志》, 《진서
晉書》, 《36국춘추三十六國春秋》를 필사할 수 있도록 해달라고 요청했다.
황제는 이를 허락했다.[43] 천보 시기[44]에는 특진태자첨사빈객特進太子詹
事賓客 직을 더했다. 천보 말기에는 상경上京으로 천도했다. 현종의 치
세 내내 모두 스물아홉 번 조공했다.

지덕 1년[45]에 평로유후平盧留後 서귀도徐歸道가 과의도위果毅都尉 겸 행
유성현사부경략판관行柳城縣四府經略判官 장원간張元簡을 보내 예방하도

---

41 대흥 연호는 737~773년에 사용되었다.

42 738년.

43 중국 역사서 필사에 대한 내용이 1권본에는 없다. 이 내용은 송나라 사람 왕응린王應麟이
    편찬한 백과사전인 《옥해玉海》의 153권에 나온다.

44 742~755년이다.

45 756년. 지덕은 당나라 현종의 아들인 숙종이 황제가 되던 해에 채택된 연호다.

록 하면서 "금년 10월 안녹산安祿山을 칠 때 왕이 기병[46] 4만을 동원해서 꼭 도와주어야 합니다"라고 전했다. 왕은 다른 뭔가가 있지 않을까 의심하여 보류시켰다. 12월 병오일[47]에 정말로 서귀도가 북평北平에서 유정신劉正臣을 독살하더니, 안녹산 및 유주절도사幽州節度使 사사명史思明과 함께 당나라를 치기로 모의했다. 안동도호安東都護 왕현지王志玄[48]가 음모를 알아내 정예병 6,000여 명으로 유성柳城을 점령하고 서귀도를 참수하더니, 스스로 평로절도平盧節度라 자처하고 북평에 주둔했다. 4년 4월[49]에 왕현지는 장군將軍 왕진의王進義를 보내 예를 갖추면서 "천자께서는 이미 서경西京으로 돌아가셨으며 촉蜀 땅에서 태상황太上皇을 영접하여 별궁에 계시도록 하고 적당을 소탕했습니다. 그래서 저를 보내 알리는 것입니다"라고 말했다. 왕은 이것이 믿기 힘들다고 판단해 왕진의를 그냥 머물도록 하는 한편, 별도로 사신을 파견해서 소상히 알아보도록 했다. 숙종은 왕에게 칙서를 하사했다.

보응 1년,[50] 발해를 국가로 인정했다. 발해국왕渤海國王을 승진시켜

---

46 4권본 원문에는 '기騎'로 표기된 데 비해 1권본 원문에는 '병兵'으로 표기되어 있다.

47 지덕 1년 12월 병오일(29일)은 양력 757년 1월 23일이다. 앞에서 지덕 1년이 양력 756년이라고 한 것은 지덕 1년의 대부분이 양력 756년에 걸리기 때문이다. 지덕 1년은 756년 2월 5일부터 757년 1월 24일까지다.

48 4권본 원문에는 '왕지현王知玄'으로도 나오고 '왕지현王志玄'으로도 나온다. 1권본 원문에는 '王志玄'로 되어 있다. 정확한 이름은 '왕현지王玄志'다.

49 《속일본기續日本紀》에서는 지덕 3년 4월이라고 했다.

50 762년.

책봉시키고자 검교태위檢校太尉를 수여했다. 대종 때인 대력 2년에서 10년까지는[51] 어떤 때는 2년마다, 어떤 때는 한 해에 두세 번 사신을 보내 알현하도록 하고, 마노 나무상자와 자색 도자기 그릇을 진헌했다.[52] 12년 정월에는 또 일본 무희 열한 명과 특산물을 조공했다. 그러자 사공司空과 태위太尉 직을 추가적으로 더해주었다. 덕종 때인 정원[53] 시기에 동경으로 천도했다. 일본이 조신전수朝臣田守, 기촌전성忌村全成, 양후사령구陽侯史玲璆, 연익마려連益麻呂, 무생조수武生鳥守, 조신전계朝臣殿繼 등을 보내 예를 표시했다. 정원 9년 3월 4일,[54] 왕이 훙거했다. 이때는 대흥 57년이다.

▌ 文王: 文王, 名, 欽茂, 武王子也. 改元大興. 開元二十六季, 唐, 遣內侍段守簡, 册王左驍衛大將軍忽汗州都督渤海郡王. 王, 承詔, 赦境內. 遣使隨守簡, 入朝, 求寫唐禮及三國志, 晋書, 三十六國春秋, 帝, 許之. 因授王左金吾大將軍. 天寶中, 累加特進太子詹事賓

---

51 대력 2년은 767년이고 대력 10년은 775년이다.

52 마노 나무상자와 자색 도자기 그릇을 조공했다는 이야기는 1권본에는 나오지 않는다. 마노 나무상자를 조공했다는 이야기는 당나라 사람 소악蘇鶚(생몰년 미상)이 쓴 《두양잡편杜陽雜編》에 나온다. 이 책에는 마노 나무상자가 '마뇌궤馬腦樻'로 표기되어 있다. 궤樻는 나무의 일종이지만 여기서는 마노로 장식한 나무상자를 가리키는 것 같아 '마노 나무상자'로 번역했다.

53 당나라 대종의 아들인 덕종이 선포한 연호로 785~804년에 해당한다.

54 4권본 원문은 "정원 10년 3월 4일"이다. 하지만 문왕이 사망한 해는 정원 9년이다. 서기로는 793년이다. 1권본에는 "대흥 57년 3월 4일, 왕이 훙거했다"로 되어 있다. 대흥은 문왕이 사용한 발해의 연호다. 문왕이 사망한 해는 양력으로 793년 4월 18일이다.

客. 天寶末, 徙上京. 訖玄宗之世, 凡二十九, 入朝. 至德元載, 平盧
留後徐歸道, 遣果毅都尉柳城縣四府經略判官張元簡, 來聘, 曰.
今載十月, 當擊安祿山, 王, 須發騎四萬, 來助. 王, 疑其有異, 留
之. 十二月丙午, 歸道, 果鴆劉正臣于北平, 潛与祿山, 幽州節度使
史思明, 通謀擊唐, 安東都護王知玄, 知其謀, 率精兵六千餘人, 攻
破柳城, 斬歸道, 自稱平盧節度, 進屯北平. 四載四月, 志玄, 遣將
軍王進義, 來聘, 曰. 天子, 已歸西京, 迎太上皇于蜀, 居別宮, 勦滅
賊徒. 故遣下臣, 來告. 王, 爲其事, 難信, 留進義, 別遣使, 詳問. 肅
宗, 賜王勅書. 寶應元季, 詔, 以渤海爲國. 進封渤海國王, 授檢校
太尉. 代宗大曆二季至十季, 或間歲, 或歲內二三, 遣使, 入朝, 獻
馬腦櫃, 紫瓷盆. 十二季正月, 又獻日本舞女十一人及方物. 累加
司空太尉. 德宗貞元中, 徙東京. 日本, 使朝臣田守, 忌村全成, 陽
侯史玲璆, 連益麻呂, 武生鳥守, 朝臣殿繼等, 來聘. 貞元十季三月
四日, 王, 薨. 寔, 大興五十七季.

폐왕廢王

폐왕은 이름이 대원의大元義이며 문왕의 친척 동생이다. 문왕의 아들
인 대굉림大宏臨이 일찍 죽어 원의가 옹립되었다. 1년 만에, 의심이 많
고 잔학하다 하여 국인國人[55]들이 시해했다.

▎ 廢王: 廢王, 名, 元義, 文王族弟也. 文王子宏臨, 早卒, 元義, 立. 一
歲, 猜虐, 國人, 弑之.

성왕成王

성왕은 이름은 대화여大華璵이며 대굉림의 아들이다. 국인들이 원의를 시해한 뒤에 옹립했다. 왕은 연호를 중흥中興[56]으로 바꾸고 상경으로 환도했다.

▌成王: 成王, 名, 華璵, 宏臨子也. 國人, 弑元義, 推立. 王, 改元中興, 還上京.

강왕康王

강왕은 이름이 대숭린大嵩璘이며 문왕의 작은 아들[57]이다. 연호를 정력正曆[58]으로 바꾸었다. 정원 11년 2월 을사일[59]에 당나라에서 내상시內常侍 은지첨殷志瞻을 보내 왕을 우효위대장군右驍衛大將軍 겸 홀한주도독 겸 발해군왕으로 책봉했다. 14년에 왕이 사신을 보내 할아버지 왕 때의 고사를 근거로 사리를 따지자 당나라는 은청광록대부銀靑光錄大

55　국인은 '나라 사람'보다는 '도성 사람'으로 번역되어야 하는 경우가 더 많다. 고대에는 국國이 천자의 도시를 의미했다. 이런 국에 사는 주민들은 대체로 지배층이었다.《맹자孟子》〈양혜왕〉편에는 맹자가 신하들보다는 국인, 즉 도성 사람들의 여론에 따라 정치를 하라고 말하는 대목이 나온다. 이것은 현대 민주주의에서처럼 백성 전체의 의견을 들으라는 의미가 아니라 도성에 사는 지배층의 의견을 참고해서 정치를 하라는 뜻이었다. 국인이란 말이 이처럼 하나의 용어로 사용되었기 때문에, 이를 번역하지 않고 원문 그대로 표기했다.

56　중흥 연호는 794년 한 해 동안 사용되었다.

57　원문에는 '손자'라고 되어 있다.

58　정력 연호는 794~809년에 사용되었다.

59　정원 11년 2월 을사일(7일)은 795년 3월 2일이다.

夫 겸 검교사공檢校司空을 추가로 제수하고 국왕으로 올려서 책봉했다. 정원 시기에 모두 네 차례의 알현[60]이 있었다. 순종 때 왕에게 금자광록대부金紫光祿大夫를 추가로 제수했다. 헌종 때인 원화 1년 10월[61]에 왕에게 검교태위를 추가로 제수했다. 일본 사신 진인광악眞人廣岳, 숙미하무宿彌賀茂, 숙미선백宿彌船白 등이 와서 예를 표했다. 원화 4년,[62] 왕이 홍거했다.

▌ 康王: 康王, 名, 嵩璘, 文王孫也. 改元正曆. 貞元十一季二月乙巳, 唐, 遣內常侍殷志瞻, 册王右驍衛大將軍忽汗州都督渤海郡王. 十四季, 王, 遣使, 以祖王故事, 叙理, 唐, 加王銀靑光錄大夫檢校司空, 進封國王. 貞元中, 凡四, 入朝. 順宗時, 加王金紫光祿大夫. 憲宗元和元季十月, 加王檢校太尉. 日本使眞人廣岳, 宿彌賀茂, 宿彌船白等, 來聘, 元和四季, 王, 薨.

정왕定王

정왕은 이름이 대원유大元瑜이며 강왕의 아들이다. 연호를 영덕永德[63]으로 고쳤다. 원화 4년[64]에 당나라에서 왕을 은청광록대부 겸 검교비

---

60 알현 사신을 파견한 쪽은 강왕이고 방문을 받은 쪽은 당나라 황제다.

61 원화 1년 10월은 806년 11월 14일부터 12월 13일까지다.

62 809년.

63 영덕 연호는 809~812년에 사용되었다.

64 809년.

서감檢校秘書監 겸 홀한주도독 겸 발해국왕으로 책봉했다. 8년[65]에 왕
이 훙거했다.

▎ 定王: 定王, 名, 元瑜, 康王子也. 改元永德. 元和四季, 唐, 冊王銀
青光祿大夫檢校秘書監忽汗州都督渤海國王. 八季, 王, 薨.

희왕僖王

희왕은 이름이 대언의大言義이며 정왕의 동생이다. 정왕이 훙거하자
왕이 임시로 국무를 처리했다. 연호를 주작朱雀[66]으로 고쳤다. 원화 8
년 정월 경오일[67]에 당나라에서 내시 이중민李重旻을 보내 왕을 은청
광록대부 겸 검교비서감 겸 홀한주도독 겸 발해국왕으로 책봉했다.

▎ 僖王: 僖王, 名, 言義, 定王弟也. 定王, 薨, 王, 權知國務. 改元朱
雀. 元和八季正月庚子, 唐, 遣內侍李重旻, 冊王銀青光祿大夫檢
校秘書監忽汗州都督渤海國王.

간왕簡王

간왕은 이름[68]이 대명충大明忠이며 희왕의 동생이다. 연호를 태시太始[69]

---

65 813년.

66 주작 연호는 812~817년에 사용되었다.

67 원문에는 '경자일'로 되어 있다. 하지만《구당서》〈헌종 본기〉에 따르면, 당나라가 발해 희
왕을 책봉한 날은 경자일이 아니라 경오일이다. '오吳'와 '자子'가 얼핏 보면 비슷해서 착
오를 한 것 같다. 원화 8년 정월 경오일(16일)은 813년 2월 20일이다.

로 바꾸었다. 옹립된 지 1년 만에 훙거했다.

▎簡王: 簡王, 名, 明忠, 僖王弟也. 改元太始. 立一歲, 薨.

선왕宣王

선왕은 이름이 대인수大仁秀이고, 간왕의 종부從父며, 고왕의 동생인 대야발大野勃의 4대손이다. 간왕이 훙거하자 왕이 임시로 국무를 처리했다. 연호를 건흥建興[70]으로 바꾸었다.[71] 원화 13년 정월 을사일,[72] 사신을 보내 당나라에 부고를 했다. 5월에 당나라가 왕을 은청광록대부 겸 검교비서감 겸 홀한주도독 겸 발해국왕으로 책봉했다. 왕은 남쪽으로 신라를 평정하고 북쪽으로 여러 부족을 점령해서 영토를 넓혔다. 15년 윤정월,[73] 당나라는 왕에게 금자광록대부 겸 검교사공을 추가로 제수했다. 원화 시기[74]에는 모두 열여섯 차례 알현했고, 목종 때인 장경 시기[75]에는 네 차례 입조했고, 경종 때인 보력 시기[76]에는

---

68 원문은 '명名'이다. 1권본에서는 '휘諱'라는 글자를 써서 높임의 뜻을 표시했다.

69 태시 연호는 817~818년에 사용되었다.

70 건흥 연호는 818~830년에 사용되었다.

71 1권본에는 "연호를 건흥으로 바꾸었다. 간왕이 훙거하자 왕이 임시로 국무를 처리했다"고 되어 있다. 이에 따르면, 왕이 되지도 않은 상태에서 새로운 연호를 공포했다는 말이 된다. 이런 모순이 4권본에서는 없어진 것이다.

72 원화 13년 정월 을사일(21일)은 818년 3월 1일이다.

73 820년 2월 18일부터 3월 17일까지다.

74 806~820년.

75 821~824년.

두 차례 알현했다. 문종 때인 대화 4년[77]에 왕이 훙거했다.

▎宣王: 宣王, 名, 仁秀, 簡王從父, 高王弟野勃四世孫也. 簡王, 薨,
王, 權知國務. 改元建興. 元和十三季正月乙巳, 遣使, 告喪于唐.
五月, 唐, 册王銀靑光祿大夫檢校秘書監忽汗州都督渤海國王. 王,
南定新羅, 北略諸部, 開大境宇. 十五季閏正月, 唐, 加王金紫光祿
大夫檢校司空. 元和中, 凡十六, 入朝. 穆宗長慶中, 四, 入朝. 敬宗
寶曆中, 二, 入朝. 文宗大和四季, 王, 薨.

이진왕彝震王[78]

선왕의 손자다. 아버지 대신덕大新德이 일찍 죽었다. 왕이 되면서 연호
를 함화咸和[79]로 바꾸었다. 태화 5년[80]에 당나라가 왕을 은청광록대부
겸 검교비서감 겸 홀한주도독 겸 발해국왕으로 책봉했다. 문종의 치
세에 이르기까지 모두 열두 번 알현했다. 무종 때인 회창 시기[81]에는
네 번 알현했다. 선종 때인 대중 12년,[82] 왕이 훙거했다.

---

76 825~826년.

77 830년.

78 이때부터는 왕들이 시호가 아닌 실명으로 표기된다. 하지만 북한의 발해사 전공자인 김혁
철의《대조영과 발해》에 따르면, 대이진은 화왕이란 시호를 받았다고 한다. 대이진이 죽은
뒤에 동생인 대건황이 즉위했으므로, 대이진이 시호를 받지 못했을 가능성은 낮다.

79 함화 연호는 831~857년에 사용되었다.

80 831년.

81 841~846년.

82 858년.

王彝震: 宣王孫也. 父新德, 早卒. 王立, 改元咸和. 太和五季, 唐, 册王銀青光祿大夫檢校秘書監忽汗州都督渤海國王. 訖文宗之世, 凡十二, 入朝. 武宗會昌中, 四, 入朝. 宣宗大中十二季, 王, 薨.

건황왕虔晃王[83]

대이진의 동생이다. 대중 12년 2월 계미일[84]에 당나라에서 왕의 세습을 인정하는 조서를 내렸다.

王虔晃: 彝震弟也. 大中十二季二月癸未, 唐, 詔襲王.

현석왕玄錫王[85]

건황의 아들이다. 의종 때인 함통 시기[86]에 사신을 세 차례 파견하여 알현했다.

王玄錫: 虔晃子也. 懿宗咸通中, 三, 遣使, 入朝.

---

83 김혁철은《대조영과 발해》에서 대건황의 시호는 원왕이라고 했다. 대건황의 왕권이 아들인 대현석에게 승계되었으므로 대건황이 시호를 받지 못했을 가능성은 낮다. 따라서 원왕이 아니더라도 대건황이 시호를 받았으리라고 이해하는 게 이치에 맞다. 한편, 김혁철은 대건황의 연호가 황룡이었다는 기록이 있지만 정확성 여부를 확인할 수 없다고 했다. 대건황이 857~871년까지 14년간 통치했으므로 자기만의 연호를 선포하지 않았을 가능성은 극히 희박하다.

84 대중 12년 2월 계미일(20일)은 858년 3월 9일이다.

85 《대조영과 발해》에서는 대현석의 시호가 경왕이라고 했다.

86 함통 연호는 860~873년에 사용되었다.

인선왕諲譔王[87]

역사서에 족보가 나오지 않는다. 양나라[88] 태조 주전충朱全忠 때인 개평 1년,[89] 왕이 왕자를 파견해서 알현하고 토산물을 진헌했다. 개평 2년과 3년 및 건화 2년[90]에도 사신을 보내 알현했다.[91] 후당後唐 장종 때인 동광 2년[92]에 왕자를 보내 알현하고 왕족[93]을 또 파견했다. 명종 때인 천성 1년[94]에 사신을 보내 알현하고 아이와 여자들을 진헌했다.

발해의 제도[95]에서는 왕을 가독부可毒夫로 부르다가 나중에는 중국을 본떠[96] 성왕聖王[97]이라고도 부르고 기하基下라고도 불렀다. 그 명령

---

87 《대조영과 발해》에서는 대인선시대의 연호가 천수였다는 기록이 있지만 정확성 여부가 불확실하다고 말했다. 906년부터 20년간이나 통치했으니, 연호가 없었을 가능성은 매우 낮다.

88 당나라가 멸망한 907년부터 중국에서는 5대10국시대가 시작되었다. 다섯 개의 정통왕조와 열 개의 지방정권이 할거하는 시대가 된 것이다. 본문의 '양나라'는 5대10국시대의 정통왕조로 분류되는 후량(907~923)을 지칭한다.

89 907년.

90 912년.

91 1권본에서는 '○나라에 조공했다'는 뜻의 '조○朝○'를 즐겨 쓴 데 비해, 4권본에서는 '알현했다'는 의미의 '입조入朝'를 즐겨 썼다.

92 924년.

93 1권본에서는 조카라고 했다.

94 926년.

95 원문은 '발해의 풍속[渤海之俗]'이지만 고대에는 풍속이 법률이나 제도를 의미하는 경우가 많았다. 이를 글자 그대로 풍속으로 번역하면 오늘날의 독자들은 문화나 풍습의 뉘앙스로 받아들일 가능성이 높다. 이 점을 고려해서 본문과 같이 번역했다.

96 "나중에는 중국을 본떠"라는 구절이 1권본 원문에는 없다. 유득공이 참고한 것으로 보이는 《신당서》〈발해 열전〉에서도 발해 군주의 명칭이 중국을 모방한 것이라고는 말하지 않았다. 다만 발해의 정치제도를 기술한 뒤에 "대체로 중국제도를 모방함이 이와 같았다"라

은 교敎라고 불렀다. 왕의 아버지는 노왕老王이라 부르고 어머니는 태비太妃라 불렀으며, 아내는 귀비貴妃라고 부르고 장자는 부왕副王이라고 불렀으며 아들들은 왕자라고 불렀다.[98]

그 물산으로는 태백산의 토끼, 남해부南海府의 다시마, 책성의 메주, 부여부의 사슴, 막힐부鄭頡府의 돼지, 솔빈부率賓府의 말, 현주顯州의 베, 옥주沃州의 무명실, 용주龍州의 명주, 위성位城의 철, 노성盧城의 벼, 환도의 오얏, 낙유樂游의 배, 미타호湄沱湖의 붕어가 있다.[99] 이것들은 동북 지방만의 자랑거리다.[100]

당나라 때부터 많은 학생들을 경사京師[101]의 태학에 자주 파견해서 고금의 제도를 익히게 하니, 해동성국이라 불렀다. 주량朱梁[102]과 후당에서 30년 동안 공사貢士[103]로서 과거에 급제한 사람이 열 명이 넘고, 학사學士[104]들도 많았다.

고 했을 뿐이다. 뒷부분에 있는 이 문장을 "성왕이라고도 부르고"의 앞에 삽입한 것이다.

97 유득공은 성주聖主라고 썼지만 유득공이 참조한 것으로 보이는 《구오대사舊五代史》에서는 성왕이라고 했다. 유득공이 잘못 쓴 것으로 보인다. 성주나 성왕이나 의미상으로는 차이가 없다.

98 이 문단("발해의~불렀다")은 1권본에서는 〈국어고〉의 내용이었다.

99 1권본에서는 "미타호의 붕어" 다음에 "환도의 오얏, 낙유의 배, 부주의 은"이 있었다.

100 이 문단("그 물산으로는~자랑거리다")은 1권본에서는 〈물산고〉 편에 있었다

101 중국의 수도를 가리킨다.

102 주전충이 건국한 후량을 가리키는 표현이다.

103 당나라는 주州나 현縣 같은 지방에서 열린 과거시험에 급제한 사람을 향공사鄕貢士라고 불렀다. 향공사는 공사와 같은 말이었다. 공사는 원래는 제후가 천자에게 추천하는 선비를 지칭했다.

요나라 태조 야율아보기耶律阿保機[105] 때인 신책 2년[106]에 왕이 사신을 보내 요나라에 예를 표했다. 4년에 요나라는 옛 요양성을 정비한 뒤, 발해 주민들을 잡아다가 그곳에 채웠다. 천찬 3년,[107] 왕은 병력을 파견해 요나라를 공격했다. 요주자사遼州刺史 장수실張秀實을 죽이고 그 백성을 빼앗아 귀환했다. 4년 12월 을해일,[108] 요나라 군주가 자기 나라에 조서를 내려 "이른바 두 가지 일 중에서 한 가지 일이 이미 끝났다. 그런데 발해는 대대로 원수인데도 아직 복수하지 못했으니 어찌 편히 살 수 있으리오"라고 하더니 결국 군대를 일으켜 노략질을 벌였다. 황후 및 태자 야율배耶律倍, 대원수大元帥 요골堯骨이 따라왔다.

윤12월 임진일,[109] 요나라 군주가 목엽산木葉山에서 제사를 올렸다. 임인일,[110] 푸른 소와 백마로써 천지에 제사를 올렸다. 기유일,[111] 철갈산撒葛山에 도착해 귀전鬼箭[112]을 쏘아 올렸다. 정사일,[113] 고령高嶺에 도

---

104 학사는 최고 학부인 태학에서 공부하는 선비를 지칭한다.
105 원문에는 '야耶'가 '사邪'로 잘못 표기되어 있다.
106 917년.
107 924년.
108 천찬 4년 12월 을해일(16일)은 926년 1월 3일이다.
109 천찬 4년 윤12월 임진일(4일)은 926년 1월 20일이다.
110 윤12월 임인일(14일)은 926년 1월 30일이다.
111 윤12월 기유일(21일)은 926년 2월 6일이다.
112 《요사》〈예법지〉에 따르면, 요나라 군대는 출정 전에 사형수를 기둥에 묶은 뒤 진군할 방향 쪽으로 놓고 무차별적으로 화살을 쏘아 사형수를 고슴도치처럼 만들었다. 이런 화살을 귀전이라고 했다.
113 윤12월 정사일(29일)은 926년 2월 14일이다.

착했다. 이날 밤, 요나라 군대가 부여부를 포위했다. 천현 1년 정월 기미일,[114] 백색 기운이 태양을 관통했다. 경신일,[115] 부여성扶餘城이 함락되고 수비하던 장수가 죽었다. 요나라는 별도로 동평부東平府를 공격하여 점령했다. 병인일[116]에 왕은 연로한 재상에게 병력 3만을 통솔하고 요나라 병력을 막도록 했지만 패배하자 항복했다. 이날 밤, 요나라 태자 야율배, 대원수 요골, 남부재상南部宰相 야율소耶律蘇, 북원이리근北院夷离堇 야율사열적耶律斜涅赤, 남원이리근南院夷离堇 야율질리耶律迭里 등이 홀한성을 포위했다. 기사일,[117] 왕이 항복을 청했다.

경오일,[118] 요나라 군주가 홀한성 남쪽에 군대를 주둔시켰다. 신미일,[119] 왕은 하얀 옷을 입고 몸을 줄로 묶은 뒤 양을 끌고 신료 300여 명과 함께 나가서 항복했다. 요나라 군주는 예를 표한 뒤 돌려보냈다. 병자일,[120] 요나라 군주가 측근 강말달康末怛 등 열세 명을 성에 들여보내 무기를 수색하도록 했다가 이들이 순라군에 살해당하는 일을 겪었다. 정축일,[121] 왕은 성곽 수비를 재개했다. 사열적 등이 공격

---

114 천현 1년 1월 기미일(2일)은 926년 2월 16일이다.
115 기미일의 다음 날이다. 926년 2월 17일이다.
116 천현 1년 1월 병인일(9일)은 926년 2월 23일이다.
117 천현 1년 1월 기사일(12일)은 926년 2월 26일이다.
118 경오일은 기사일의 다음 날인 2월 27일이다.
119 신미일은 경오일의 다음 날인 2월 28일이다.
120 천현 1년 1월 병자일(19일)은 926년 3월 5일이다.
121 정축일은 병자일의 다음 날인 3월 6일이다.

을 재개하여 점령했다. 요나라 군주가 성에 들어오자 왕은 말 앞에서 죄를 청했다. 요나라 군주는 병력을 동원해 왕과 왕족을 호위하도록 하면서 성을 나갔다. 2월 경인일[122]에 안변부安邊府·막힐부[123]·남해부·정리부定理府 등 네 개 부의 절도사들이 모두 다 요나라에 항복했다.[124] 병오일[125]에 요나라는 발해국을 동단국東丹國으로 바꾸고 홀한성을 천복성天福城을 바꾸었다. 태자 야율배를 인황왕人皇王에 책봉해 이곳을 주관하도록 하고, 연로한 재상[126]을 동단국 우대상右大相에 임명했다. 을유일[127]에 요나라 군주는 왕과 왕족을 데리고 돌아갔으며, 임황臨潢 서편에 성을 축조하고 거기 살도록 했다. 왕에게 오로고烏魯古란 이름을, 왕후에게 아리지阿里只란 이름을 하사했다. 오로고와 아리지는 요나라 군주와 황후가 왕의 항복을 받을 때 각각 탔던 두 필의 말이다. 그 말들을 왕과 왕후에게 줬기 때문에 그렇게 했던 것이다.[128]

이 해 3월, 안변부·막힐부·정리부 등 세 개 부가 성벽 수비[129]를 재

---

122 천현 1년 2월 경인일(3일)은 926년 3월 19일이다.

123 원문에는 '막頡'이 '막糞'으로 표기되어 있다.

124 1권본에는 없는 문장이다.

125 천현 1년 2월 병오일(19일)은 926년 4월 4일이다.

126 《요사》 〈야율아보기 본기〉에 따르면, 연로한 재상은 발해인이다. 1권본에는 연로한 재상에 대한 언급이 없다.

127 천현 1년 2월에는 을유일이 없었다. 음력 3월 29일이 을유일이었다. 양력으로는 926년 5월 13일이다.

128 1권본에서는 인선왕 편이 여기서 끝난다. 아래 문단("이 해 3월~들어갔다")은 1권본에 없다.

개했다. 요나라의 척은惕隱[130]인 안서安瑞가 공격해왔다. 정축일[131]에 세 개의 부가 모두 패배하고 안변부의 두 장수가 죽었다. 5월에 남해부·정리부 등 두 개 부가 성벽 수비를 재개하자 요나라 대원수 요골이 공격해왔다. 6월 정유일,[132] 두 개 부가 모두 패했다.[133] 장령부長嶺府는 홀한성이 함락된 이후로도 성을 방어했으며 함락되지 않았다. 요나라· 이리필夷离畢[134]인 강묵기康默記와 좌복야左僕射인 한연휘韓延徽 등이 공격해왔다. 7월 신사일,[135] 요나라 군주가 죽고 술진평 황후가 군대와 국가의 사무를 처결했다. 8월 신묘일[136]에 장령부가 함락되었다. 이후로 발해 땅이 모두 다 요나라에 들어갔다.

▌ 王諲譔: 史, 失系. 梁太祖朱全忠開平元季, 王, 遣王子, 朝, 獻方物. 二季三季及乾化二季, 又遣使, 入朝. 後唐莊宗同光二季, 遣王子, 入朝, 又遣王族. 明宗天成元季, 遣使, 入朝, 進兒口女口. 渤

---

129 《요사》〈야율아보기 본기〉에서는 세 개 부가 배반했다고 표현했지만 유득공은 성벽 수비를 재개했다고 표현했다.

130 유목민족으로서 북중국을 정복한 거란족 요나라는 유목민과 중국 한족을 각기 실정에 맞게 통치할 목적으로 관직 체계를 이원화했다. 거란족을 관리하는 관직은 북면관北面官, 한족을 관리하는 관직은 남면관南面官이라고 했다. 척은은 북면관의 관직 중 하나로, 거란족 귀족에 관한 사무를 처리하고 황제에 대한 귀족들의 복종을 끌어낼 책임이 있었다.

131 천현 1년 3월 정축일(21일)은 926년 5월 5일이다.

132 천현 1년 6월 정유일(12일)은 926년 7월 24일이다.

133 《요사》에서는 두 개 부가 평정되었다고 표현했다.

134 《요사》〈국어풀이〉 편에 따르면, 이리필은 형벌 사무를 관장하는 관직이다.

135 천현 1년 7월 신사일(27일)은 926년 9월 6일이다.

136 천현 1년 8월 신묘일(7일)은 926년 9월 16일이다.

海之代, 呼王, 曰可毒夫, 後稍, 憲象中國, 曰聖主, 曰基下. 其命,
曰教. 王之父, 曰老王, 母, 曰太妃, 妻, 曰貴妃, 長子, 曰副王, 諸
子, 曰王子. 其殖貨則, 太白山菟, 南海昆布, 柵城豉, 扶餘鹿, 鄚頡
豕, 率賓馬, 顯州布, 沃州綿, 龍州紬, 位城鐵, 盧城稻, 丸都李, 樂
游梨, 湄沱湖鯽, 擅東北之利. 自唐世, 數遣諸生, 詣京師太學, 習
識古今制度, 稱爲海東盛國. 及至朱梁後唐三十季間, 貢士登科者,
十數人, 學士彬彬焉. 遼太祖邪律阿保機神册二季, 王, 遣使, 聘遼.
四季, 遼, 修遼陽故城, 掠渤海戶, 實之. 天贊三季, 王, 遣兵, 攻遼.
殺遼州刺史張秀實, 掠其民, 而歸. 四季十二月乙亥, 遼主, 詔其國
中, 曰. 所謂二事, 一事, 已畢. 惟渤海世讐, 未雪, 豈宜安住. 遂擧
兵, 來寇. 皇后及太子倍, 大元帥堯骨, 從. 閏十二月壬辰, 遼主, 祠
木葉山. 壬寅, 以青牛白馬, 祭天地. 己酉, 次撒葛山, 射鬼箭. 丁
巳, 次高嶺. 是夜, 遼兵, 圍夫餘府. 天顯元季正月己未, 白氣, 貫
日. 庚申, 夫餘城, 陷, 守將, 死之. 遼, 又別攻東平府, 破之. 丙寅,
王, 使老相, 統兵三萬, 禦遼兵, 敗降. 是夜, 遼太子倍, 大元帥堯
骨, 南部宰相蘇, 北院夷离堇斜涅赤, 南院夷离堇迭里等, 圍忽汗
城. 己巳, 王, 請降. 庚午, 遼主, 駐軍忽汗城南. 辛未, 王, 素服, 藁
索, 牽羊, 率臣僚三百餘人, 出降. 遼主, 禮, 而遣之. 丙子, 遼主, 使
其近侍康末怛等十三人, 入城, 索兵器, 爲邏卒所殺. 丁丑, 王, 復
城守. 斜涅赤等, 復攻, 破之. 遼主, 入城, 王, 請罪馬前. 遼主, 以
兵, 衛王及王族, 以出. 二月庚寅, 安邊莫頡南海定理四府節度使,

皆降于遼. 丙午, 遼, 改渤海國, 爲東丹, 忽汗城, 爲天福. 封其太子倍, 爲人皇王, 以主之, 拜老相, 爲東丹國右大相. 乙酉, 遼主, 以王及王族, 歸, 築城于臨潢之西, 使居之. 賜王名, 曰烏魯古, 王后, 名曰阿里只. 烏魯古, 阿里只者, 遼主及皇后, 受王降時, 所乘二馬名也. 因以其馬, 賜王及后. 是季三月, 安邊莫頡定理三府, 復城守. 遼惕隱安瑞, 來攻. 丁丑, 三府, 皆敗, 安邊將二人, 死之. 五月, 南海定理二府, 復城守. 遼大元帥堯骨, 來攻. 六月丁酉, 二府, 皆敗. 長嶺府, 自忽汗城始破時, 城守, 不下. 遼夷离畢康默記左僕射韓延徽等, 來攻. 七月辛巳, 遼主, 殂, 述律后, 決軍國事. 八月辛卯, 長嶺府, 陷. 自是以後, 渤海之地, 盡入於遼矣.

염부왕琰府王[137]

오사성烏舍城[138] 부투부浮渝府에 주재했다. 송나라 태종이 태평흥국 6년[139]에 왕에게 조서[140]를 내렸다.

"짐은 대업을 이어받아 사해四海[141]와 천하를 보유했다. 복종하지 않는 자가 없다. 그런데 태원太原이란 곳은 나라를 지켜주는 지역인데

---

137 1권본의 소제목은 '오사성 부유부 염부왕'이다.
138 발해부흥세력의 거점이었던 오사성은 발해 수도인 홀한성(헤이룽장 성 닝안 현)이나 부여부(지린 성 눙안 현 등지로 추정) 또는 러시아 하바롭스크에 있었을 것으로 추정되고 있나.
139 981년.
140 《송사宋史》〈발해 열전〉에 나오는 조서다.

도, 근래에 이곳을 빼앗아 대대로 세습하더니 요나라에 기대어 의지하고 대대로 죽임을 피하는 일이 있었다.[142] 하지만 짐은 재작년[143]에 정예 부대를 직접 거느리고 여러 장군들을 힘껏 통솔해 병주幷州의 고립된 성을 빼앗고 흉노[144]의 오른팔을 끊었다. 돌이켜보면, 백성을 위로하고 죄인을 토벌함으로써 백성들을 소생시킬 수 있었다. 불손한 이 북융北戎[145]은 이치에 어긋나게도 원한을 품고 함부로 잠식해 오면서 나의 변경을 침범했다. 지난날 군사를 동원해 반격을 가해서 목을 베거나 사로잡은 일이 매우 많았다. 지금 북을 두드리며 행군하여 깊숙이 들어가서, 자리를 말듯이 거침없이 진군하여 용정龍庭[146]을 불

---

141 고대 중국인들이 중국을 둘러싼 네 개의 바다를 지칭할 때 사용한 용어다. 문자적 의미의 바다를 가리킨다기보다는 중국의 범주를 가리키는 표현이었다. '중국 내부'라고 이해하면 편리하다.

142 5대10국의 하나인 북한北漢(951~979)이 지금의 산시 성 타이위안 시를 한동안 점령했던 일을 언급하고 있다.

143 원문으로는 '전세前歲'다. '작년'으로 잘못 번역될 가능성이 높다. 전세, 즉 전년은 고대 중국이나 현대 중국어에서 재작년을 가리킨다. 송나라 태종이 정예 군대를 직접 이끌고 군사행동을 한 때도 태평흥국 5년이 아니라 4년이었다.

144 여기서 말하는 흉노는 요나라를 가리킨다. 한때 고대 중국에서는 흉노가 북방민족의 대명사처럼 쓰였다. 그런 언어습관이 이 경우에도 사용된 것으로 보인다.

145 중국인들은 사방의 이민족을 일반적으로 동이·서융·남만·북적이라고 불렀지만 북적에 해당하는 이민족을 북융이라고 부른 예도 있다. 공자의 작품으로 추정되는 노나라 역사서 《춘추春秋》를 해설한 좌구명左丘明의 《춘추좌씨전春秋左氏傳》에서도 그런 용례를 발견할 수 있다. 이 책의 은공 9년(기원전 714년) 기사에는 "북융이 정나라를 침범하자[北戎侵鄭]"라는 문구가 있다.

146 《후한서後漢書》에 적힌 주석에 따르면, 용정은 흉노족이 음력 5월마다 조상신과 천지신에게 제사를 지내던 장소다. 이렇게 흉노의 중심지라는 의미에서 용정은 흉노 조정의 대명

사르고 추악한 부류를 죄다 죽이고자 한다.

평소에 듣기로, 너희 나라는 원수와 가까이 있어 병탄될 위험이 있는데도 힘으로 맞서지 못해 복속되고 말았으며 이로 인해 계속 착취를 당한다고 한다. 영기靈旗를 휘날리며 적을 격파하는 날은 이웃나라들이 분을 푸는 날이 될 것이다. 족장族帳[147]을 모두 동원해 나의 병력을 도와야 할 것이다. 그들이 전멸되면 성대하게 상을 내릴 것이다. 유주 땅과 계주 땅은 중국에 다시 귀속시키겠지만 고비사막 밖은 모두 다 줄 것이니 힘써 협력하라.[148] 짐은 식언하지 않는다."

이때 송나라는 요나라를 대대적으로 정벌하려 하고 있었다. 그래서 이런 조서가 나온 것이다. 염부왕은 발해 부족이었던 것 같다.[149]

▎ 琰府王: 居烏舍城浮渝府. 宋太宗太平興國六季, 賜王, 詔曰. 朕, 纂紹丕基, 奄有四海普天之下, 罔不率俾. 矧太原封域, 國之保[150]

사로 사용되었다. 본문에서는 거란족 조정을 가리키는 표현으로 사용되고 있다.

147 유목민이 사는 장막을 가리키거나 유목민 부족을 가리킨다. '족장을 동원하다'라는 말은 지금 식으로 하면 '국민을 동원하다'라는 뜻이 될 것이다. 오사성의 염부왕은 유목지대 성격이 짙은 만주에 거점을 두고 있었다. 그래서 송나라 황제가 '족장을 동원해달라'는 표현을 쓴 것이다.

148 "힘써 협력하라"에 해당하는 1권본 원문은 "勖내협내勖乃協乃"다. 여기서 네 번째 글자인 '내乃'는 '력力'의 오자다. 이런 오류가 4권본에서는 정정되었다.

149 1권본과 비교하면, 4권본에서는 염부왕 편이 절반 이상 축소되었다. "염부왕은 발해 부족이었던 것 같다" 이하의 내용이 4권본에서는 생략되었다. 생략된 내용은, 발해가 926년에 멸망했다는 통념에 대한 도전을 담고 있다. 거란족에 의해 멸망한 926년 이후로도 발해가 국가의 모습을 유지했다는 내용이다. 여기서 생략된 내용은 바로 다음에 나오는 홍요주 편의 뒷부분에서 볼 수 있다.

障, 頃因竊據, 遂相承襲, 倚遼爲援, 歷世逋誅. 朕, 前歲, 親提銳旅, 盡護諸將, 拔屛門之孤壘, 斷凶奴之右臂. 眷言弔伐, 以蘇黔黎. 蠢玆北戎, 非理搆怨, 輒肆荐食, 犯我封畧. 日昨, 出師, 逆擊, 斬獲, 甚衆. 今欲鼓行, 深入, 席卷長驅, 焚其龍庭, 大殲醜類. 素聞, 爾國, 密邇寇讐, 迫於呑幷, 力不能制, 因而服屬, 困於率割. 當靈旗, 破賊之際, 是鄰邦雪憤之日. 所宜盡出族帳, 佐予兵鋒. 俟其剪滅, 沛然封賞. 幽薊土宇, 復歸中朝, 朔漠之外, 悉以相与, 勗乃恊力. 朕, 不食言. 是時, 宋, 欲大擧伐遼, 故有是詔. 琰府王, 盖亦渤海之部族也.

흥요주興遼主[151]

이름은 대연림大延琳이며 고왕의 7대손이다. 요나라에서 벼슬하여 동경東京의 사리군상온舍利軍詳穩이 되었다. 요동 땅은 신책 시기[152]부터 요나라에 예속되었다. 이때는 소금과 술을 독점 판매하는 법률이 없었다. 관문과 시장에 대한 세금 징수도 가벼웠다.

그런데 풍연휴馮延休, 한소훈韓紹勳 등이 잇따라 호부사戶部使가 되어 옛 연나라 땅인 평산平山[153]의 법률로 속박하자 백성들이 명령을 감당

150 원문에는 '보保'의 좌변에 '인人' 대신 '부阝'가 붙어 있다.
151 1권본에서는 염부왕 편이 〈군주고〉의 맨 끝에 있었다. 4권본에서는 순서가 바뀌어 흥요주 편이 맨 끝으로 가게 되었다.
152 916~921년.

하지 못하게 되었다. 또 연나라 땅이 해를 거듭하며 대기근을 겪자 부사副使인 왕가王嘉[154]가 계책을 짜서 바쳤다. 선박을 제조하고 바다 사정을 아는 백성들을 동원해 좁쌀을 운반함으로써 연나라 땅을 구휼하자는 것이었다. 하지만 물길이 위험해서 뒤집히고 가라앉는 일이 많았다. 백성들이 건의를 해도 믿지 않고 채찍과 형구로 두들겨 패기만 하니, 백성들이 원망을 하면서 반란을 꿈꾸게 되었다.

요나라 성종 때인 태평 9년 8월 기축일,[155] 연림이 한소훈과 왕가를 죽여 민중의 뜻에 부응했다. 그러더니 사첩군도지휘사四捷軍都指揮使 소파득蕭頗得을 다시 죽이고 유수留守 겸 부마도위駙馬都尉 소효선蕭孝先을 감옥에 가두었다. 국호를 흥요興遼라고 지었다. 지위와 칭호를 만들고 연호를 천경天慶(《고려사高麗史》에 따르면 천흥天興)이라고 했다. 지식과 용맹을 갖춘 인사들을 선발하여 좌우에 배치했다. 그러자 여러 부족이 호응하고 남북의 여진족이 죄다 복속했으며 고려는 요나라와의 관계를 끊었다.

이에 앞서 연림과 부유수副留守 왕도평王道平이 거사를 모의한 뒤 황

---

153 1권본에서 '연산평지燕山平地'라고 잘못 쓴 것을 4권본에서는 '연지평산燕地平山'으로 정정했다.

154 《요사》〈성종 본기〉에 따르면, 왕가는 호부사의 부사, 즉 부관으로서 한소훈의 아랫사람이었다.

155 원문에는 "태평 9년 8월 정축"이라고 했지만 《요사》〈성종 본기〉에 따르면 정축일이 아니라 기축일이다. 태평 9년 8월 기축일(3일)은 1029년 9월 13일이다.

편黃翩을 황룡부黃龍府로 불러들였다. 왕도평은 밤중에 성벽을 넘어 도주한 뒤, 황편과 함께 정변을 고발했다. 요나라 군주는 여러 도道의 병력을 소집해서 공격을 개시했다.

발해태보渤海太保[156] 하행미夏行美는 발해 사람이다. 그때 당시, 병력을 관리하면서 보주保州를 지켰다. 연림은 서한을 보내 통수統帥 야율포고耶律蒲古를 도모하라고 말했다. 하지만 하행미는 야율포고에게 이를 사실대로 알리고 발해 병사 800명을 죽인 뒤 그 동쪽 길을 끊었다. 그러자 황룡부와 보주가 복종하지 않게 되었다. 국구상온國舅詳穩 소필적蕭匹敵이 서쪽 길까지 끊자 연림은 결국 부대를 나눠 심주瀋州[157]를 공격했다. 절도부사節度副使 장걸張傑[158]이 항복하겠다는 뜻을 표시했다. 그래서 서둘러 공격하지 않았다. 그러다가 그게 거짓이며 방비를 이미 해두었다는 사실을 깨닫고 공격에 나섰지만 꺾지 못하고 돌아갔다.

요나라 병력이 대거 결집했다. 10월,[159] 요나라는 남경유수南京留守 겸 연왕燕王인 소효목蕭孝穆을 도통都統으로, 소필적을 부통으로 삼고

---

156 《요사》〈백관지百官志〉에 따르면, 요나라의 유목민 담당 관서에 발해장사渤海帳司가 있고 그 안에 발해태보라는 관직이 있었다.《요사》에서는 발해장사의 조직 체계를 알 수 없다고 말했다.

157 지금의 중국 랴오닝 성 선양 시.

158 《요사》〈성종 본기〉에 따르면, 장걸은 심주절도사의 부관, 즉 절도부사였다.

159 《요사》〈성종 본기〉에 따르면, 요나라가 이들을 임명해서 침공을 명한 시점은 태평 9년 10월 1일, 즉 1026년 11월 9일이다.

해육부대왕奚六部大王[160] 소포노蕭蒲奴를 도감都監으로 삼아 포수浦水[161]에서 전투를 벌였다. 하지만 요나라 군대가 물러났다. 그러다가 소필적, 소포노가 좌우익을 이뤄 공격을 가하자 연림의 군대가 궤멸되었다. 수산手山에서 다시 싸웠으나 패주했다. 그래서 성 안으로 들어가 수비를 견고히 했다. 소효목은 성 밖에 성을 쌓고 망루를 세워 안팎이 통하지 못하게 했다. 그러자 성 안에서는 집을 부수어 부뚜막에 불을 땠다. 소포노가 고려와 여진의 요충지를 사전에 점거해둔 까닭에 구원병도 올 수 없었다.

10년 8월 병오일,[162] 연림의 장수인 양상세揚詳世가 요나라에 몰래 투항했다. 밤중에 성문을 열어주고 요나라 군대를 받아들이니, 연림이 사로잡혔다. 이때 여러 부족의 호걸들과 후산吼山 등지의 병사들이 봉기했다. 하지만 얼마 뒤 모두 패망했다. 오로지 남해성南海城 군대만이 굳게 수비하다가, 해가 바뀐 뒤에 항복했다.[163]

생각해보면,[164] 홀한성이 격파된 것은 요나라 태조 때인 천현 1년이

---

160 《요사》〈백관지〉에 따르면, 해육부는 오원부五院部·육원부六院部·을실부乙室部와 더불어 요나라의 4대 부족이었다. 해육부는 해왕부로도 불렸다. 대부족에는 이리근夷離菫이라고도 불리는 대왕을 두었다.

161 중국 랴오닝 성 선양 시 부근의 포하蒲河다.

162 태평 10년 8월 병오일(25일)은 1030년 9월 25일이다.

163 이후 내용은 1권본에서는 염부왕 편의 뒷부분에 있었다.

164 이 책에서 '생각해보면'으로 시작하는 문단은 유득공의 사견이나 논평이다.

자 후당 명종 때인 천성 1년이다.[165] 대인선大諲譔은 임황으로 옮겨지고 대광현大光顯은 고려로 도망했다. 그러나 《요사》에서는 태조가 군자의 덕이 있었기 때문에 발해라는 종족[166]을 멸망시키지 않았다고 말했다. 성종 때인 통화 14년[167]에 소한가노蕭韓家奴가 상소문을 올려, 발해·고려·여진이 합종연횡을 했다는 말을 했다. 21년[168]에는 발해가 조공을 했다고 한다.

개태 시기[169]에는 남부재상[170] 대강예大康乂가 포로모타蒲盧毛朵[171] 지역에 발해인이 많다면서 데려오자고 요청한 적이 있다. 그러자 조서를 내려 그대로 했다. 이에 따라 병력을 이끌고 대석하大石河의 타준성駞準城에 가서 수백 호를 납치해 돌아갔고, 발해의 황피실군黃皮室軍도 직접 정벌했다.[172]

《오대사五代史》에서는 후주後周 세종 때인 현덕 시기[173]까지 발해 사

---

165 천현 1년 및 천성 1년은 926년이다.
166 원문 표현은 '족장族帳'이다.
167 996년.
168 1003년.
169 1012~1021년.
170 요나라 관직이다.
171 함경남도 함흥이나 지린 성 옌지 시 일대에 있었던 지역으로 추정된다.
172 요나라가 발해의 황피실군을 정벌했다는 문장은 잘못된 것이다. 《요사》〈야율고욱 열전〉에 따르면, 개태 시기에 요나라 성종이 직접 군대를 이끌고 발해를 공격할 때 야율고욱이 황피실군을 지휘하면서 성종을 보좌했다고 한다. 이때 야율고욱은 "적을 격파하는 데 공로를 세웠다"라고 〈야율고욱 열전〉은 말한다. 본문은 "발해 군대도 직접 정벌했다" 혹은 "황피실군을 이끌고 발해를 직접 정벌했다"로 수정되어야 한다.

신이 항상 찾아왔다고 했다.《송사》〈송기宋琪 열전〉에 따르면, 송기는 변경 문제에 대해 논하면서, 발해는 군사력과 영토가 해족보다 융성하며, 거란을 열심히 섬기고는 있지만 군주를 죽이고 나라를 무너뜨린 원한을 다 품고 있다고 말했다.《문헌통고文獻通考》에서는 야율아보기가 부여성을 점령한 뒤 동단부東丹府로 만들었으며, 야율아보기가 죽자 인선이 동생을 시켜 병력을 이끌고 부여성을 공격하도록 했지만 이기지 못하고 돌아갔다고 했다. 후당 천성 4년,[174] 장흥 2년[175]과 3년과 4년, 청태 2년[176]과 3년에는 사신을 보내 토산물을 조공했다고 했다. 송나라 태종 때인 순화 2년[177] 겨울에는 발해가 조공하지 않는다는 이유로 여진에게 조서를 내려 공격하도록 했다. 호삼성胡三省은 발해가 오대五代에서 송나라 때까지 존속하는 동안에 야율아보기가 여러 차례 전쟁을 벌였지만 굴복시키지 못했다고 했다. 이로써 본다면 발해는 망한 뒤에도 잔존 세력이 여전히 있었던 것이다.[178] 오사성 염부왕 같은 부류가 바로 이들이다.

---

173 954~959년.

174 929년.

175 931년.

176 935년.

177 991년.

178 1권본에서는 "이로써 본다면 발해는 멸망한 게 아니다[以此觀之, 渤海未嘗亡也]"라고 했다. 우리가 알고 있는 926년 발해 멸망은 사실이 아니라는 것이다. 또한 1권본에서 유득공은 "발해의 멸망이 언제 있었는지는 알 수 없다"고 했다. 하지만 4권본에서는 이 관점을 수정했다. 926년에 멸망했지만 그 후에도 잔존 세력이 활동했다는 식으로 생각을 정리한 것이다.

능적지凌迪知의 《만성통보萬姓通譜》에는 동이족에 대씨가 있으며 대련大連[179]으로부터 시작되었다고 했다. 발해 대씨가 성을 갖게 된 게 대련한테서 기원했을 수도 있지만 고려로 망명한 이후로는 대씨가 태씨로 바뀌었다.

▌興遼主: 名, 延琳, 高王七代孫也. 仕遼, 爲東京舍利軍詳穩. 初東遼之地, 自神冊中, 附遼, 未有榷酤鹽麴之法. 關市之征, 亦寬弛. 及馮延休, 韓紹勳等, 相繼爲戶部使, 以燕地平山之法, 繩之, 民, 不堪命. 燕, 又仍歲, 大饑, 副使王嘉, 獻計. 造船, 使其民諳海事者, 漕粟, 以賑燕. 水路, 艱險, 多覆沒. 雖言不信, 鞭楚榜掠, 民, 怨, 思亂. 遼聖宗大平九季八月丁丑, 延琳, 殺紹勳及嘉, 以快其衆. 復殺四捷軍都指揮使蕭頗得, 囚留守駙馬都尉蕭孝先. 國号, 興遼. 擧位号, 改元天慶(高麗史, 云. 天興). 選智勇之士, 置左右. 於是, 諸部, 響應, 南北女眞, 皆附, 而高麗, 与遼絶. 先是, 延琳与副留守王道平, 謀擧事, 又召黃翩於黃龍府. 道平, 夜, 踰城, 走与黃翩, 俱上變. 遼主, 徵諸道兵, 攻之. 渤海太保夏行美, 渤海人也. 時, 主兵, 戍保州. 延琳, 馳書, 使圖統帥耶律蒲古. 行美, 以實, 告蒲古, 殺渤海兵八百人, 而斷其東路. 黃龍, 保州, 旣皆不附. 國舅詳穩蕭匹敵, 又率兵, 斷西路, 延琳, 遂分兵, 攻瀋州. 節度副使張傑, 聲言欲降.

---

179 《예기禮記》〈잡기〉 편에 나오는 인물이다. 공자는 동이족인 대련大連과 소련小連이 3년상의 모범을 보여주었다고 평가했다.

故不急攻. 知其詐, 而已有備, 攻之, 不克, 而還. 遼兵, 大集. 十月, 遼, 以南京留守燕王蕭孝穆, 爲都統, 蕭匹敵, 爲副, 部署六部大王蕭蒲奴, 爲都監, 与戰蒲水中. 遼兵, 卻. 匹敵, 蒲奴, 張左右翼, 擊之, 延琳兵, 潰. 又戰于手山, 敗走. 入城, 固守. 孝穆, 築重城, 起樓櫓, 內外不相通. 城中, 撤屋以爨. 蒲奴, 先據高麗女直要衝, 故無救兵. 十季八月丙午, 延琳將揚詳世, 密送款于遼. 夜, 開門, 納遼師, 延琳, 被執. 是時, 諸部豪傑, 吼山等兵, 蠭起. 尋, 皆敗滅. 獨南海城師, 堅守, 經季, 始降.

按. 忽汗城之破, 在遼太祖天顯元季, 後唐明宗天成元季. 諲譔, 遷于臨潢, 光顯, 奔于高麗. 然而遼史, 稱. 太祖, 有君人之德, 以其不滅渤海族帳也. 聖宗統和十四季, 蕭韓家奴, 奏曰. 渤海高麗女直, 合從連衡. 二十一季, 渤海, 來貢. 開泰中, 南部宰相大康乂, 言. 蒲盧毛朵界, 多渤海人, 乞取之. 詔從之. 領兵, 至大石河馳準城, 掠數百戶, 而歸, 又親征渤海黃皮室軍. 五代史, 云. 訖周世宗顯德, 渤海使, 常來. 宋史宋琪傳, 琪, 論邊事, 曰. 渤海兵馬土地, 盛於奚帳, 雖勉事契丹, 俱褱殺主破國之怨. 文獻通考, 阿保機, 攻夫餘城, 下之, 爲東丹府, 阿保機, 死, 諲譔, 命其弟, 率兵, 攻夫餘城, 不克, 而還. 後唐天成四季, 長興二季三季四季, 清泰二季三季, 俱遣使, 貢方物. 宋太宗淳化二季冬, 以渤海, 不通朝貢, 詔女眞[180], 攻之. 胡三省, 云. 渤海, 更五代至於宋, 耶律, 雖數加兵, 不能服也. 以此, 觀之, 渤海, 雖亡, 而猶餘部. 烏舍城琓府王之類, 是也. 凌迪知萬姓通譜, 云. 東夷之有大氏, 自大連, 始也. 渤海, 得姓, 或出於 大連, 而奔高麗以後, 變大, 爲太.

《발해고》제1권 끝.

渤海考卷之一終.

---

180 '여직女直'으로 쓰인 곳도 있고 '여진女眞'으로 쓰인 곳도 있다. 뜻은 같다.

제

2

권

《발해고》제2권

한산주* 유득공 짓다

▌渤海考卷之二

漢山州柳得恭 撰

신하고

臣考

대문예大門藝, 대일하大壹夏, 마문궤馬文軌, 총물아蔥勿雅

대문예는 무왕의 동생이다. 무왕은 문예를 시켜 흑수말갈을 치도록 했다. 문예는 이전에 당나라에 인질로 간 적이 있었기 때문에 이해득실을 잘 알고 있었다. 그래서 왕에게 이렇게 말했다.

"흑수말갈이 당나라에 관리를 요청했다고 해서[1] 그들을 친다면, 이는 당나라를 등지는 일입니다. 당나라는 대국이라, 병력이 우리의 만 배나 됩니다. 그들과 원수가 되면 우리도 망하게 됩니다. 옛날에 고구려가 강성했을 때 군사가 30만이었습니다. 당나라에 맞서 대적했으니 막강했다고 말할 수 있습니다. 하지만 당나라 군대가 와서 싹 쓸어버렸습니다. 지금 우리 군대는 고구려의 3분의 1입니다. 왕께서

---

1 《구당서》〈발해말갈 열전〉에 따르면, 개원 14년(726년)에 흑수말갈이 사신을 파견하고 조공을 하자 당나라 현종이 흑수말갈 땅에 흑수주를 설치하고 관리를 파견했다. 이 같은 관리 파견은 흑수말갈의 요청에 의한 것이었다.

이를 거스르면 안 됩니다."

왕은 이 말을 듣지 않고 그를 억지로 파견했다. 그는 병력이 흑수말
갈과의 국경에 도달하자 다시 글을 써서 강력하게 충언을 올렸다. 왕
은 분노했다. 사촌형 대일하를 보내 대신 지휘하도록 하는 한편, 문
예를 소환하여 죽이려 했다. 문예는 두려워서 부대를 버리고는 지름
길을 따라 당나라로 도망했다. 현종은 그를 우효위장군右驍衛將軍에 임
명했다.

왕은 마문궤 및 총물아 편에 글을 보내 문예의 죄상을 세세히 알리
면서 죽일 것을 요청했다. 당나라는 문예를 안서安西 땅에 옮겨두고
"문예가 궁지에 빠져 우리에게 귀순했으므로, 절대 죽일 수 없다. 이
미 그를 영남으로 보냈다"고 답했다. 더불어 문궤와 물아를 그대로
체류하도록 한 뒤, 홍로소경鴻臚少卿 이도수李道邃와 원복源復을 따로 파
견해 황제의 뜻을 알려주었다. 왕은 사정을 알게 되자 글을 올려 "대
국은 사람들한테 믿음을 보여주어야 하거늘 어찌 기만할 수 있습니
까? 지금 듣기로는 문예가 영남嶺南으로 가지 않았다고 합니다. 엎드
려 청하노니, 전례에 따라 죽여주십시오"라고 말했다. 현종은 이도수
와 원복이 관리들을 감독하지 못해 비밀이 샜다고 분노했다. 그러고
는 이도수를 조주자사曹州刺史로, 원복을 동주자사同州刺史로 좌천시켰
다. 또 문예를 잠시 동안 영남에 가 있도록 한 뒤 이 사실을 통보했다.

왕은 문예를 계속 원망하더니, 은밀히 사람을 보내 동도東都[2]에 들
어가도록 했다. 그런 다음, 자객을 모아 문예를 찌르도록 했다. 문예

는 천진교天津橋 남문에서 대적하여 죽음을 면했다. 현종은 하남河南에 조서를 내려 자객을 모두 잡아 죽이도록 했다.

▎大門藝, 大壹夏, 馬文軌, 蔥勿雅: 門藝, 武王弟也. 武王, 使門藝, 擊黑水靺鞨. 門藝, 嘗質於唐, 知利害. 謂王, 曰. 黑水, 請吏, 而我擊之, 是背唐也. 唐, 大國, 兵萬倍我. 与之, 産怨, 我, 且亡. 昔高句麗盛時, 士, 三十萬. 抗唐, 爲敵, 可謂雄强. 唐兵, 一臨, 掃地盡矣. 今我衆, 比高句麗, 三之一. 王, 將違之, 不可. 王, 不從, 强遣之. 兵, 至黑水境, 又以書, 固諫. 王, 怒. 遣從兄壹夏, 代將, 召門藝, 將殺之. 門藝, 懼, 棄其衆, 儳路, 奔唐. 玄宗, 拜爲右驍衛將軍. 王, 遣馬文軌, 蔥勿雅, 上書, 極言門藝罪狀, 請殺之. 唐, 處門藝安西, 好報, 曰. 門藝, 窮, 來歸我, 誼不可殺. 已投之嶺南矣. 并留文軌, 物雅, 別遣鴻臚少卿李道邃源復, 諭旨. 王, 知之, 上書, 言. 大國, 示人以信, 豈有欺誑之理. 今聞, 門藝, 不向嶺南. 伏請, 依前殺却. 玄宗, 怒道邃復不能督察官屬, 致有漏泄. 左除道邃曹州刺史, 復同州刺史. 暫遣門藝, 詣嶺南, 以報之. 王, 望門藝不已, 密遣使, 入東都. 募客, 刺門藝於天津橋南. 門藝格之, 得不死. 玄宗, 勅河南, 捕刺客, 悉殺之.

---

2   낙양.

대야발大野勃, 대굉림大宏臨, 대신덕大新德

대야발은 고왕의 동생이고, 대굉림은 문왕의 세자이며, 대신덕은 선왕의 세자다.

▎ 大野勃, 大宏臨, 大新德: 野勃, 高王弟. 宏臨, 文王世子. 新德, 宣王世子.

임아상任雅相, 장문휴張文休, 대낭아大郎雅[3]

임아상은 무왕의 외삼촌이고, 장문휴는 무왕 때의 대장이며, 대낭아는 무왕 때 당나라에 들어가 귀양 갔다가 풀려나 돌아온 사람이다.

▎ 任雅相, 張文休, 大郎雅: 雅相, 武王舅. 文休, 武王大將. 郎雅, 武王時, 入唐, 被謫, 後放還.

대상청大常清, 대정한大貞翰, 대청윤大清允

정원 7년 정월,[4] 문왕이 대상청을 보내 당나라를 방문하도록 했다. 당나라는 그를 위위경동정衛尉卿同正에 제수했다. 그런 뒤에 그는 환국했다. 대정한과 대청윤은 둘 다 문왕 때의 왕자들이다. 대정한은 정원 7년 8월[5] 당나라를 방문해서 숙위할 수 있도록 해달라고 요청했다. 대

---

3 1권본에는 대낭아가 없다.
4 당나라 역법으로 계산된 정원 7년 정월(1월)은 791년 2월 8일부터 3월 9일까지다.
5 791년 9월 3일부터 10월 2일까지다.

청윤은 정원 10년 정월[6] 당나라를 방문했다. 당나라는 그에게 우위 장군동정右衛將軍同正 직을 수여하고, 그 아래 30여 명에게 차등적으로 관직을 제수했다.

▍大常淸, 大貞翰, 大淸允: 貞元七季正月, 文王, 使常淸, 朝唐. 唐, 授衛尉卿同正. 還國. 貞翰, 淸允, 皆文王時王子也. 貞翰, 貞元七季八月, 朝唐, 請備宿衛. 淸允, 貞元十年[7]正月, 朝唐. 唐, 授右衛將軍同正, 其下三十餘人, 拜官, 有差.

대능신大能信, 여부구茹富仇

대능신은 강왕의 조카다. 여부구는 관직이 우후루번장虞侯婁番長 겸 도독이었다. 정원 14년[8]에 왕이 당나라에 파견해서 조공하도록 했다.[9] 이 해 11월[10] 당나라는 대능신에게 좌효위중랑장左驍衛中郞將을 제수하고 여부구에게 우무위장군右武衛將軍을 제수한 뒤 귀국시켰다.

▍大能信, 茹富仇: 能信, 康王姪也. 富仇, 官, 虞侯婁番長都督. 貞元十四季, 王, 遣, 朝唐. 是季十一月, 唐, 授能信左驍衛中郞將, 富

---

6 794년 2월 5일부터 3월 5일까지다.

7 여기서는 이례적으로 '계季'가 아닌 '년年'을 썼다. 이런 표기가 가끔 있다.

8 798년.

9 앞부분에서는 '당나라에 조공하다'는 표현 대신 '알현하다'란 표현을 즐겨 사용하다가, 여기서는 '당나라에 조공하다'는 표현을 사용했다.

10 798년 12월 12일부터 799년 1월 10일까지다.

仇, 右武衛將軍, 放還國.

대예大叡

장경 4년 2월[11] 선왕이 대예 등 50명을 당나라에 보내 조공을 하고 숙위를 자청하도록 했다.

▌ 大叡: 長慶四季二月, 宣王, 遣叡等五人, 朝唐, 請備宿衛.

대명준大明俊, 고보영高寶英, 대선성大先晟

대명준은 대이진 때의 왕자다. 태화 6년[12]에 왕이 명준 등을 보내 당나라에 조공했다. 고보영은 동중서우평장사同中書右平章事를 관직으로 지냈다. 태화 7년 정월,[13] 왕이 당나라에 보내 조공을 하고 책봉에 대해 사의를 표하도록 했다. 이 일을 계기로 학생 세 명이 상국上國 도읍에서 공부할 수 있도록 요청하는 한편, 이미 파견된 학생 세 명의 학업이 어느 정도 성취되었으니 본국으로 돌아올 수 있도록 해달라고 요청했다. 당나라에서는 이를 허락했다.

대선성도 대이진 때의 왕자다. 이 해 2월[14] 왕은 선성 등 여섯 명을 당나라에 파견했다. 당나라 시인 온정균溫庭筠이 본국으로 돌아가는

---

11 824년 3월 5일부터 4월 2일까지다.
12 832년.
13 833년 1월 25일부터 2월 23일까지다.
14 833년 2월 24일부터 3월 24일까지다.

발해 왕자를 송별하는 자리에서 시를 읊었다.

"국토는 비록 바다로 겹겹이 갈라져 있어도

수레와 서적은 본래 한 집안[15]

공훈을 성대히 이루고 고국으로 돌아가지만

그대 아름다운 시구는 중화에 남겨지네

국경에는 가을 물씬하고

돛을 올리면 새벽노을에 다다르리

궁궐의 풍월[16]은 좋은데

고개 돌려보니 하늘 끝이로구나."

┃ 大明俊, 高寶英, 大先晟: 明俊, 彛震時王子也. 太和六季, 王, 遣明
俊等, 朝唐. 寶英, 官, 同中書右平章事. 太和七季正月, 王, 遣, 朝
唐, 謝冊命. 因遣學生三人, 請赴上都, 學問. 先遣學生三人, 事業
稍成, 請歸本國. 唐許之. 先晟, 亦彛震時王子也. 是季二月, 王, 遣
先晟等六人, 朝唐. 唐詩人溫庭筠, 送渤海王子, 歸本國詩, 曰. 疆
理雖重海, 車書本一家. 盛勳歸舊國, 佳句在中華. 定界分秋漲, 開
帆到曙霞. 九門風日好, 回首是天涯.

---

15 원문은 '거서본일가車書本一家'다. 진시황은 중국을 통일한 다음에 도량형과 수레와 서적
등을 통일시켰다. 이것이 기원이 되어 수레와 서적을 가리키는 '거서車書'가 제도나 문화
를 뜻하는 표현으로도 사용되었다.

16 원문은 '풍일風日'이지만 '풍월風月'의 오자인 듯하여 본문과 같이 번역했다. 1권본에도 '風
月'로 적혀 있다.

고원고高元固

대인선 때의 빈공과 합격자[17]다. 복건성에 있는 당나라 진사 서인徐寅을 방문한 적이 있다. 그때 그에게 우리나라 사람들이 서인이 쓴 〈참사검斬蛇劍〉, 〈어구수御溝水〉, 〈인생기하人生幾何〉라는 세 수의 부賦[18]를 금가루로 써서 병풍으로 만든다고 말해주었다. 서인은 기뻐하며 시를 선물했다.

"계수나무를 꺾고 달 속에서 언제 내려왔나

민산閩山[19]에 찾아와 내 작품을 묻는구나

기꺼이 황금과 비취를 녹이어 병풍 위에 썼다 하니

어느 누가 형편없는 내 작품을 갖고 해 뜨는 동쪽으로 갔는가

담자郯子[20]는 옛날 우연히 공자를 만났고

유여由余는 지난날 진나라 궁중을 풍자했다

아아! 대국의 고명한 문사들,

그중 몇 명이나 소박한 기풍을 떨쳤을까."

---

17 발해 정부의 추천을 받아 당나라에 유학한 뒤 외국인 과거시험에 급제한 사람.

18 한나라 때 발달한 문학 장르로 운문적 특징과 산문적 특징을 결합한 것이다. 대구對句나 운을 넣어 문장을 멋지게 가꾸었다는 점에서 일반 산문과 다르다. 한나라의 사마상여司馬相如(기원전 179~117)가 황제의 정원인 상림上林을 환상적으로 묘사한 〈상림부上林賦〉란 작품에서는 상림 내부의 산과 흙과 돌 등을 묘사하면서 각 구절 앞부분에 "그 산은[其山則]", "그 흙은[其土則]", "그 돌은[其石則]" 하는 식의 표현을 넣어 어느 정도 리듬감을 부여했다.

19 '민閩'은 복건성을 지칭한다.

20 원문은 '섬자剡子'이지만 이것은 오자다. 담자는 생몰년도를 알 수 없는 춘추시대 담나라의 군주다.

> 高元固: 誼譔時賓貢. 嘗訪唐進士徐寅於閩中. 爲道, 本國人, 以
> 金, 書寅斬蛇劍, 御溝水, 人生幾何, 三賦, 列爲屛障. 寅, 喜, 而贈
> 詩, 曰. 折桂何季下月中, 閩山來問我雕蟲. 肯銷金翠書屛上, 誰把
> 蒭蕘過日東. 剗子昔時遭孔聖, 由余往代諷秦宮. 嗟嗟大國金門士,
> 幾箇人能振素風.

대원겸大元兼

대인선의 친족[21]이다. 관직은 학당친위學堂親衛였다. 후당 동광 2년[22]에
왕이 당나라에 조공을 하라고 보냈다. 시국자감승試國子監丞이 되었다.

> 大元兼: 誼譔族也. 官, 學堂親衛. 後唐同光二季, 王, 遣, 朝唐. 試
> 國子監丞.

위균衛均[23]

관직은 철주자사鐵州刺史였다. 요나라 천현 1년 정월[24] 홀한성이 함락
되었다. 7월[25]에 위균은 성을 지켰다. 요나라 대원수 요골이 군대를

---

21 1권본에서는 '질侄'이라고 했지만 '질姪'을 쓰려다가 그렇게 쓴 것 같다. 4권본에서는 이것
   이 '족族'으로 수정되었다.
22 924년.
23 1권본에서는 위균 이하의 내용이 지금의 위치보다 뒷부분에 배치되어 있었다.
24 926년 2월 15일에서 3월 16일까지다.
25 926년 8월 11일에서 9월 9일까지다.

이끌고 공격하자 을축일[26]에 성이 함락되었다.

▌衛均: 官, 鐵州刺史. 遼天顯元季正月, 忽汗城破. 七月, 均, 城守.
　遼大元帥堯骨, 率師, 來攻, 乙丑, 城陷.

대소현大素賢

관직은 사도司徒였다. 홀한성이 함락되자 대소현은 요나라에 항복했
다. 요나라는 그를 동단국 좌차상左次相[27]에 임명했다. 태종 때인 회동
3년[28]에 동경재상東京宰相 야율우지耶律羽之가 그가 부패했다는 상소를
올린 일로 인해 쫓겨났다.

▌大素賢: 官, 司徒. 忽汗城破, 素賢, 降遼. 遼拜爲東丹國次相. 太宗
　會同三季, 東京宰相耶律羽之, 言其貪墨, 見黜.

고모한高模翰

일명 송松이라고 한다. 근력이 좋고 말타기와 활쏘기를 잘했으며 병
서 읽기를 좋아했다. 홀한성이 함락되자 고려로 망명했다. 고려왕은
딸을 아내로 내주었다. 하지만 죄를 짓고 요나라로 도망했다. 여러
차례 전공을 세워 관직이 중대성中臺省 좌상左相에 이르렀고 철군개국

---

26 천현 1년 7월 을축일(11일)은 926년 8월 21일이다.

27 원문은 '차상次相'이다. 하지만 유득공이 참고한 것으로 보이는《요사》〈태조 본기〉에서는
대소현이 좌차상에 임명되었다고 했다.

28 940년.

공공比郡開國公에 책봉되었다.《요사》에 그의 열전이 있다.

▌ 高模翰: 一名松. 有膂力, 善騎射, 好讀兵. 忽汗城破, 避地高麗. 高

麗王, 妻以女. 因罪, 亡歸遼. 屢立戰功, 官, 至中臺省左相, 封芘郡

開國公. 遼史, 自有傳.

최오사崔烏斯[29]

후주 세종 때인 현덕 초년[30]에 최오사와 그 부하들이 후주에 귀순했다. 다들 귀족이었다. 오사라烏斯羅라고도 불린다.

▌ 崔烏斯: 周世宗顯德初, 烏斯, 与其屬, 歸周. 盖其酋豪也. 亦稱烏

斯羅.

대난하大鸞河, 이훈李勛[31]

송나라 태종이 태평흥국 4년[32]에 진양을 평정하고 유주로 병력을 옮겼다. 대난하는 소교小校 이훈 등 열여섯 명과 부족의 기병 300명을 이끌고 투항했다. 태종은 그를 발해도지휘사渤海都指揮使로 삼았다. 9년[33]

---

29 1권본에서는 '최오사'란 소제목 밑에 "《문헌통고》에서는 오사라라고 한다"는 주석을 달았다.

30 954년.

31 1권본에는 '이훈李勛'으로 표기되었지만 4권본에서는 '이적李勣'으로 표기되었다.《송사》〈발해 열전〉에 따르면 '李勛'이 맞다. 글자 모양이 비슷해서 오자가 생긴 것 같다.

32 979년.

33 984년.

봄에 태종은 대명전에서 연회를 열고 난하를 불러 장시간 위로했다. 또 전전도교殿前都校 유연한劉延翰에게 이렇게 말했다.

"난하는 발해 지도자인데도 스스로 제 몸을 묶고 내게 귀순했으니 그 충성심과 순종심이 가상하다. 대체로 동이족 부락의 습속을 보면, 말 달리기를 취미로 삼는다. 한가을이 되면 때를 잡아 준마 수십 필을 끌고 교외로 나가 수렵을 하도록 함으로써, 그 본성이 충족될 수 있도록 하라."

이에 따라 민전緡錢[34] 10만과 술을 그에게 하사했다.

> 大鸞河, 李勛: 宋太宗太平興國四季, 平晉陽, 移兵幽州. 鸞河, 率小校李勛等十六人, 部族三百騎, 投降. 太宗, 以爲渤海都指揮使. 九季春, 太宗, 宴大明殿, 召鸞河, 慰撫, 久之. 謂殿前都校劉延翰, 曰. 鸞河, 渤海豪帥, 束身, 歸我, 嘉其忠順. 夫夷落之俗, 以馳騁, 爲樂. 俟高秋, 戒侯, 當与駿馬數十匹, 令出郊遊獵, 以遂其性. 因以緡錢十萬幷酒, 賜之.

고인의高仁義, 덕주德周, 사나루舍那婁, 고재덕高齋德

고인의의 관직은 영원장군낭장寧遠將軍郎將이고, 덕주는 유장군과의도위游將軍果毅都尉이고, 사나루는 별장別將이며, 고재덕은 수령首領이었

---

34 꿰미로 묶은 돈.

다. 무왕 때 함께 일본으로 갔다가 하이蝦夷[35] 경내에 표착했다. 인의 이하 16인은 피살을 당했고, 재덕과 8인은 출우국出羽國[36]으로 달아나 간신히 죽음을 모면했다. 왜황倭皇[37]에게 국서를 전한 뒤, 그쪽 사신인 조신충마려와 함께 돌아왔다. 채색 견직물[38] 10필, 능綾[39] 견직물 10필, 시絁[40] 견직물 20필, 실 100구絇, 솜 200둔屯을 보냈다.

▌高仁義, 德周, 舍那婁, 高齋德: 仁義, 官, 寧遠將軍郎將, 德周, 游將軍果毅都尉, 舍那婁, 別將, 齋德, 首領. 武王時, 同使日本, 着蝦夷境. 仁義以下十六人, 被殺害, 齋德, 与八人, 走出羽國, 僅免. 致國書于倭皇, 与其使朝臣蟲麻呂, 俱來. 送綵帛一十疋, 綾一十疋, 絁二十疋, 絲一百絇, 綿二百屯.

서요덕胥要德,[41] 이진몽已珍蒙, 이알기몽已閼棄蒙

서요덕은 관직이 약홀주도독若忽州都督 겸 충무대장군忠武大將軍이었다.

---

35 하이, 즉 에조는 일본에 편입되지 않은 동북 지방을 가리킨다.

36 지금의 야마가타 현과 아키다 현에 있었다.

37 1권본에는 왜황이란 표현이 없다.

38 지금과 달리 고대에는 견직물 종류가 매우 많았다. 그래서 그 종류를 지칭하는 단어도 매우 다양했다. 우리나라 한자사전에서는 이런 차이를 무시하고 일률적으로 '비단'으로 번역한 경우가 많다. 견직물의 종류를 지나치게 세세하게 번역하는 게 불편해서, 이 책에서는 '채색 견직물', '능 견직물', '시 견직물' 등으로 단순화시켜 번역하기로 한다.

39 빗금무늬 있는 비단.

40 바탕이 약간 거친 비단.

41 고서간행위원회가 발행한 1권본에는 '서루덕胥婁德'으로 나온다.

이진몽은 운휘장군雲麾將軍이었다. 이알기몽은 수령이었다. 문왕 때 함께 사신이 돼서 일본에 갔다. 요덕은 배가 뒤집히는 바람에 이알기몽 등 40명과 함께 죽었다. 왜황이 태극전에 행차하여 진몽의 활쏘기를 참관했다. 중궁에도 행차하여 진몽에게 자기 나라 음악을 연주하도록 한 뒤 그것을 들었다. 미농시美濃絁[42] 30필, 견絹 견직물 10필, 실 150구, 누에고치 풀솜 200둔을 보냈다.

그 이전에 일본인 조신광성朝臣廣成 등이 당나라에 조공 갔다가 소주蘇州를 거쳐 바다에 들어갔는데 곤륜국崑崙國[43]에 표착하여 대부분 피살되거나 붙잡혔다. 조신광성과 여덟 명은 죽음을 간신히 모면하고 당나라로 되돌아가, 등주登州에서 항해를 시작해 발해 국경에 도착했다. 왕은 요덕 등을 따라 귀국하도록 했다.

▋胥要德, 已珍蒙, 已閼棄蒙: 要德, 官, 若忽州都督忠武大將軍, 珍蒙, 雲麾將軍. 棄蒙, 首領. 文王時, 同使日本. 要德, 船覆, 与棄蒙等四十人, 俱死. 倭皇, 御太極殿, 觀珍蒙射. 又御中宮, 使珍蒙, 奏本國樂, 聽之. 送美濃絁三十疋, 絹十疋, 絲一百五十絇, 調綿二百屯. 初, 日本人朝臣廣成等, 朝唐, 回從蘇州, 入海, 漂着崑崙國, 多被殺執. 廣成, 与八人, 僅免, 復歸唐, 從登州, 入海, 到渤海界. 王, 令隨要德等, 歸國.

---

42 현재의 도쿄 서쪽인 아이치 현에 있었던 미농국美濃國에서 생산된 견직물.

43 동남아 국가들을 막연하게 총칭하던 표현.

모시몽慕施蒙

관직은 보국대장군輔國大將軍이었다. 문왕 때 75명을 인솔하고 일본에 사신으로 갔다. 왕의 명령을 받은 그는 일본이 10여 년간 사신을 보내지 않은 이유를 질의했다. 왜황은 답서에서《고구려구기高句麗舊記》를 인용하면서, 국서가 관례에 어긋난다고 질책했다.

▎慕施蒙: 官, 輔國大將軍. 文王時, 率七十五人, 使日本. 以王旨, 問 十餘季無使之故. 倭皇, 答書, 援高句麗舊記, 責國書違例.

양승경揚承慶, 양태사揚太師, 풍방례馮方禮

양승경은 관직이 보국장군輔國將軍이고, 양태사는 귀덕장군歸德將軍이며, 풍방례는 판관判官이었다. 문왕 때 함께 일본으로 사신을 떠났다. 그 이전에 일본 사신 조신전수 등이 발해에 와서 대당大唐[44]의 소식을 물은 적이 있다. 그는 귀국한 뒤 왜황에게 이렇게 보고했다.

"천보 14년,[45] 간지로는 을미년 11월 9일[46]에 어사대부御史大夫 겸 범양절도사范陽節度使 안녹산이 거병하여 난을 일으켰습니다. 스스로 대연大燕의 성무황제로 자칭하고는 범양군范陽郡을 영무군靈武郡으로 개칭하고 자기 집을 잠룡궁潛龍宮으로 바꾸었습니다. 연호는 성무라고

---

44 당나라.
45 여기서는 '계季' 대신에 '재載'를 썼다.
46 755년 12월 6일이다.

했습니다. 아들 경서卿緖를 남겨두고 범양군의 사무를 처리하도록 했습니다. 그런 뒤 정예 기병 20여 만을 직접 거느린 채 남하하더니 곧장 낙양으로 들어가 백관을 임명했습니다. 천자는 안서절도사安西節度使 가서한哥舒翰을 보내 30만 군대를 이끌고 동진관潼津關을 지키게 하는 한편, 대장 봉상청封常淸을 시켜 15만 군대를 이끌고 별도로 낙양을 포위하게 했습니다. 천보 15년,[47] 안녹산은 자기 장수 손효철孫孝哲 등에게 기병 2만을 이끌고 동진관을 공격하도록 했습니다. 가서한은 동진관의 언덕을 허물어 황하로 떨어지게 함으로써 통로를 끊어버린 뒤에 되돌아갔습니다. 손효철은 산을 뚫어 길을 낸 뒤, 병력을 이끌고 신풍新豊에 들어갔습니다. 6월 6일,[48] 천자는 검남劍南으로 떠났습니다. 7월 갑자일[49]에 황태자 이여가 영무도독부靈武都督府에서 황제 자리에 오르고 연호를 지덕으로 바꾸었습니다."[50]

왜황은 태재부太宰府[51]에 이렇게 명령을 내렸다.

"안녹산이란 자는 미친 오랑캐이며 교활한 놈이다. 하늘을 어기고 반역을 일으켰으니, 상황이 필시 불리해질 것이다. 서쪽에서 제대로

---

47 756년.

48 천보 15년 6월 6일은 756년 7월 7일이다.

49 천보 15년 7월 갑자일(12일)은 756년 8월 12일이다.

50 1권본에서는 이 다음에, 황태자 이여가 황제(당 숙종)가 된 뒤 발해에 사신을 보내 칙서를 전달한 일이 소개되어 있다. 4권본에서는 이 내용이 빠졌다.

51 규슈 섬을 관장하던 기구.

안 되면, 필시 바다 동쪽도 노략하려 할 것이다. 대이大貳[52]인 길비조
신진비吉備朝臣眞備는 석학이므로[53] 중임을 맡기고자 한다. 상황을 숙
지하고 절묘한 계책을 사전에 세워두도록 하라. 설령 닥치지 않는다
해도, 미리 대비해서 후회할 일은 없을 것이다. 모의한 것 중에서 상
책에 속하는 것과 준비와 관련된 잡다한 사안들을 일일이 기록하여
보고하라."

  양승경 등이 일본에 도착하자 왜황은 승경에게 정3위, 태사에게
종3위, 방례에게 종5위를 주었다. 녹사錄事 이하의 사람들에게는 녹
봉을[54] 하사했다. 뒤이어 기존전성에게 승경을 따라 발해에 가서 입
당대사入唐大使[55]인 조신하청을 마중하도록 했다. 또 견 견직물 30필,
미농시 30필, 실 200구, 솜 300둔, 면錦[56] 4필, 양면금兩面錦[57] 2필, 힐라
纈羅 견직물 4필, 백라白羅 견직물 10필, 채백綵帛 견직물 30필, 백면白綿
견직물 100필을 보냈다.[58]

❚ 揚承慶, 揚泰師, 馮方禮: 承慶, 官, 輔國將軍, 泰師, 歸德將軍, 方

---

52 태재부의 차관급인 대재대이를 지칭한다.

53 원문은 "대이인 길비조신진비는 모두 석학이므로"다. '모두'에 해당하는 한자로 '구俱'가
   사용되었다. 문맥상 '俱'가 불필요해서 번역문에서는 생략했다.

54 1권본에는 "녹봉을"이 빠져 있다.

55 당나라를 방문하는 사신단인 견당사遣唐使의 장관.

56 이것도 비단을 가리키는 글자다.

57 안팎이 따로 없는 고급 비단.

58 1권본에서는 '송送'을 쓰지 않고 '헌獻'을 썼다.

禮, 判官. 文王時, 同使日本. 先是, 日本使朝臣田受等, 來渤海, 問
大唐消息. 歸, 言於倭皇, 曰. 天寶十四載, 歲次乙未十一月九日,
御史大夫兼范陽節度使安祿山, 擧兵, 作亂. 自稱大燕聖武皇帝,
改范陽, 爲靈武郡, 其宅, 爲潛龍宮, 季號, 聖武. 留其子卿緖, 知
范陽郡事. 自將精騎二十餘萬, 南下, 直入洛陽, 署置百官. 天子,
遣安西節度使哥舒翰, 將三十萬衆, 守潼津關, 使大將封常清, 將
十五萬衆, 別圍洛陽. 天寶十五載, 祿山, 遣其將孫孝哲等, 率二萬
騎, 攻潼津關. 哥舒翰, 壞潼津岸, 墜黃河, 絶其通路, 而歸. 孝哲,
鑿山, 開路, 引兵, 入至新豐. 六月六日, 天子, 游于劍南. 七月甲
子, 皇太子璵, 卽皇帝位于靈武都督府, 改元至德矣. 倭皇, 下令太
宰府, 曰. 安祿山者, 狂胡狡竪也. 違天, 起逆, 事, 必不利. 疑其不
能西, 必還, 掠海東. 大貳吉備朝臣眞備, 俱是碩學, 委以重任. 宜
知此狀, 預設奇謀. 縱使不來, 儲備無悔. 其所謀, 上策及應備禦事,
一一俱錄, 報來. 及承慶等, 至日本, 倭皇, 授承慶正三位, 泰師從
三位, 方禮從五位. 賜錄事以下十九人祿. 因使忌村全成, 隨承慶
來, 欲自渤海, 迎其入唐大使朝臣河清. 送絹三十匹, 美濃絁三十
匹, 絲二百絢, 綿三百屯, 錦四匹, 兩面二匹, 纈羅四匹, 白羅十匹,
綵帛三十匹, 白綿一百帖.

고남신高南申, 고흥복高興福, 이능본李能本, 안귀보安貴寶

고남신은 관직이 보국대장군 겸 현토주자사玄菟州刺史 겸 압위관押衛官

겸 개국공開國公이다. 고흥복은 부사副使이고, 이능본은 판관이며, 안귀보는 해비解臂였다. 문왕 때 함께 사신이 되어 일본에 갔다. 중대성中臺省[59] 문서를 갖고 가서 상황을 알려주었다.

"귀국에서 등원청하藤原清河[60]를 맞이하고자 총 99명을 보냈지만 대당大唐의 안녹산과 사사명이 연달아 반란을 일으키는 바람에 안팎이 시끄럽고 황폐하니 해를 당할까 우려됩니다. 두수頭首[61]인 고원도高元度[62] 등 열한 명만을 보내[63] 등원청하를 맞이하도록 하고, 이 사신을 차출하여[64] 파견합니다."[65]

남신 등은 그쪽 사신 양후사영구陽侯史玲璆와 함께 돌아왔다. 시 견 직물 30필, 미농시 30필, 실 200구, 솜 300둔을 보내왔다. 능본은 후에 왕신복의 부관이 되어 다시 일본에 사신으로 갔다.

▌ 高南申, 高興福, 李能本, 安貴寶: 南申, 官, 輔國大將軍玄菟州刺

---

59 선조성, 정당성과 더불어 발해의 3성 중 하나.

60 원문에는 등원하청이라고 되어 있다. 하지만 원래의 이름은 등원청하다. 등원청하는 당나라로 가는 견당사가 되어 752년 당나라를 방문했다가 귀국하는 길에 태풍을 만나 당나라로 되돌아갔다. 그런 뒤에 이름을 청하에서 하청으로 개명했다. 발해가 일본과 주고받은 문서에서는 그의 일본 이름을 썼을 것이므로 여기서는 등원청하로 표기한다.

61 책임자란 의미다.

62 성은 고씨이지만 일본인이다. 고구려 왕족 출신이다.

63 당나라에 보낸다는 의미다.

64 일본에 보낼 사신을 차출했다는 의미다.

65 일본의 해상운송이 발달하지 않은 고대에는 일본과 중국의 외교관계를 한반도가 중개했다. 중대성 문서는 그런 상황을 반영한다.

史兼押衛官開國公. 興福, 副使, 能本, 判官, 貴寶, 解臂. 文王時, 同使日本. 以中臺牒, 報, 曰. 貴國, 迎藤原河淸, 使總九十九人, 大唐祿山思明, 前後, 作亂, 內外騷荒, 恐被害殘. 只遣頭首高元度等十一人, 往迎河淸, 卽差此使, 同爲發遣. 南申等, 与其使陽侯史玲璙, 俱來. 送絁三十匹, 美濃絁三十匹, 絲二百絇, 綿三百屯. 能本, 後, 爲王新福副, 再使日本.

양방경揚方慶

문왕 때 하정사賀正使[66]가 되어 당나라를 방문했다. 일본은 등원청하를 맞이하고자 고원도에게 따라가도록[67] 했다.

┃揚方慶: 文王時, 以賀正使, 朝唐. 日本, 迎河淸, 使高元度, 隨往.

왕신복王新福, 양회진揚褱珍, 달능신達能信

왕신복은 관직이 자수대부紫綬大夫 겸 행정당성좌윤行政堂省左允 겸 개국남開國男이었다. 양회진은 판관이었다. 달능신은 붉은 옷을 착용하는 품계의 관리였다. 문왕 때 스물세 명을 거느리고 함께 사신이 되어 일본에 갔다. 신복은 왜황에게 당나라 사정에 관해 말했다.

"이씨 집안의 태상황제[68]와 소제황제[69]가 다 붕어하고 지금은 광평

---

66 신년 정월을 축하할 목적으로 파견하는 사신.
67 양방경을 따라가도록 했다는 의미다.

왕廣平王이 섭정하고 있습니다. 그런데 수확 사정이 좋지 않아 백성들이 서로 잡아먹고 있습니다. 사씨史氏 집안의 사조의史朝義[70]가 성무황제를 칭하자 인물들이[71] 많이 달라붙고 있습니다. 군대도 매우 강해서 감당할 자가 없습니다. 등주鄧州와 양양襄陽은 이미 사씨 집안에 복속되었습니다. 이씨 집안은 소주蘇州 정도만 보유하고 있을 뿐입니다. 알현하러 가는 길이 정말이지 잘 뚫리지 않고 있습니다.”[72]

▌王新福, 揚襄珍, 達能信: 新福, 官, 紫綬大夫行政堂左允開國男. 襄珍, 判官. 能信, 品官, 着緋. 文王時, 率二十三人, 同使日本. 新福, 爲倭皇, 言唐事, 曰. 李家太上, 少帝, 並崩, 廣平王, 攝政. 季穀, 不登, 人民, 相食. 史家朝義, 稱聖武皇帝, 人物, 多附. 兵鋒, 甚强, 無敢當者. 鄧州, 襄陽, 已屬史家. 李家, 獨有蘇州. 朝參之路, 固未易通.

일만복壹萬福,[73] 모창배慕昌拜

일만복은 관직이 청수대부靑綬大夫다. 모창배는 부사에 제수되었다.[74]

---

68 당나라 현종.

69 숙종.

70 사조의는 사사명의 아들이다.

71 1권본에는 “인물들이” 앞에 “성품이 어질고 너그러워”가 있다.

72 1권본에는 이 문장 뒤에 “이 방문 당시, 이능본은 부사였다”는 문장이 있다.

73 1권본에는 ‘일만복壹萬福’이라고 적혀 있지만 4권본에는 ‘일만록壹萬綠’이라고 되어 있다. 《속일본기》에서는 일만복이라고 했다. 4권본에서 오자가 생긴 것 같다. 그래서 일만복으

문왕 때 325명을 인솔하고 선박 17척을 탄 채 일본에 가서 출우국에 도착했다. 왜황은 국서가 관례에 어긋난다고 말하면서, 예물까지도 수령하지 않았다. 만복은 거듭 절을 하고 땅바닥에 엎드려 울면서 "군주는 이쪽이나 저쪽이나 매한가지입니다. 신들이 귀국하면 필시[75] 죄를 받게 될 것입니다"라고 말했다. 결국 국서를 수정하고 왕을 대신해서 거듭 사죄했다. 왜황은 만복에게 종3위를 제수하고 왕에게 다음과 같은 글을 보냈다.

"보내준 글을 지금 살펴보니, 갑자기 문서 형식[76]이 바뀌었습니다. 날짜 밑에 관품과 성명을 적지 않았으며, 문서 말미에다가 천손天孫이란 거짓 칭호까지 허위로 표기해놓았습니다. 고씨의 시대[77]에는 병란이 쉴 틈이 없었기 때문에, 그들[78]이 우리 조정의 위세를 빌리고자

로 표기한다.

74 일만복의 경우에는 사신으로 임명될 당시의 원래 관직을 표기했고, 모창배의 경우에는 원래 관직이 아닌 사신단 관직을 표기했다.

75 1권본과《속일본기》에는 "필시" 앞에 "귀국하면"이란 구절이 붙어 있다. 4권본에는 이 표현이 없지만 독해의 편의를 위해 삽입했다.

76 원문은 '문도文道'다. 그런데 유득공이 참고했을《속일본기》원문에는 문도가 아니라 '부도父道'로 적혀 있다. 부도는 말 그대로 하면 아버지의 도리다. 만약《속일본기》의 표기가 맞다면, '부父'와 '문文'이 언뜻 보면 비슷해서 유득공이 착각했을 수도 있다. 그렇지 않으면, 이 문장 바로 뒤에 문서 형식에 대한 언급이 있는 점을 근거로《속일본기》가 잘못 표기되었을 것이라는 생각에 '文'을 썼을 수도 있다. 그것도 아니라면, 일본이 발해의 아버지임을 전제로 하는 부도란 표현에 거부감을 느끼고 글자를 바꿨을 수도 있다.

77 고구려시대.

78 원문에는 피동형을 가리킬 때 쓰이는 '피被'란 글자가 사용되었지만 이것은 제3인칭 대명사로 쓰이는 '피彼'의 오자다.

98

형제를 칭했던 것입니다. 지금 왕이 아무 이유도 없이 조카[79]라고 칭하는 것은 예의에 어긋난 것입니다. 이후의 사신들은 다시는 그러지 마십시오."

미농시 30필, 견 견직물 30필, 실 200구, 누에고치 풀솜 300둔을 보냈다.[80]

창배는 일본에서 사망했다. 만복은 그쪽 사신 무생조수와 함께 돌아오다가 바람을 만나 능등국能登國에 표착했다. 손님과 주인[81]이 모두 간신히 죽음을 모면했다. 당시 일본이 발해에 파견한 선박의 이름이 능등能登이었다. 배의 신에게 기도한 일로 인해 효험을 봤다 하여, 그 선박에 송5위를 제수하고 비단 관모를 하사했다. 그 관모는 금錦 견직물을 겉에 대고 시 견직물을 속에 댄 뒤 붉은색을 갓끈으로 단 것이었다.

▌壹萬祿, 慕昌拜: 萬祿, 官, 靑綬大夫. 昌拜, 副使. 文王時, 率 三百二十五人, 駕船十七隻, 同史日本, 着出羽國. 倭皇, 以國書, 違例, 並信物, 不受. 萬祿, 再拜, 據地, 而泣, 曰. 君者, 彼此, 一也.

---

79 원문 표현은 조카나 사위를 가리키는 '생甥'이다. 하지만 《속일본기》에는 '구생舅甥'으로 표기되어 있다. '舅甥'은 장인-사위 관계 혹은 아저씨-조카 관계로 번역된다. 유득공이 '구舅'를 뺀 것은 발해가 조카를 자처했기 때문인 것으로 보인다. 국서 속의 일본은 발해가 임의로 조카를 자처하는 것에 대해 불쾌감을 표시하고 있다. 그래서 '아저씨-조카 관계를 칭했다'로 번역하지 않고 '조카를 칭했다'로 번역한 것으로 보인다.

80 1권본에는 "바쳤다"라고 되어 있다.

81 손님과 주인은 발해 사신과 일본 사신을 지칭한다.

臣等, 必當有罪. 遂改修國書, 代王, 申謝. 倭皇, 授萬祿從三位, 与
王, 書, 曰. 今, 省來書, 頓改文道. 日下, 不註官品姓名, 書尾, 虛陳
天孫僭號. 且高氏之世, 兵亂, 無休, 爲假朝威, 被稱兄弟. 今王, 曾
無事故, 而稱甥, 於禮, 失矣. 後歲之使, 不可更然. 送美濃絁三十
疋, 絹三十疋, 絲二百絇, 調綿三百屯. 昌拜, 卒於日本. 萬祿, 与其
使武生鳥守, 俱來, 遭風, 着能登國. 客主, 僅免. 日本, 遣渤海船,
名能登. 以禱于船神, 有驗, 授其船從五位, 賜錦冠. 其冠, 錦表, 絁
裏, 紫組纓.

오수불烏須弗

문왕 때 사신이 돼서 일본에 갔다가 능등국에 표착했다. 국사國司[82]가
사연을 묻자 오수불은 문서로써 이렇게 말했다.

"발해와 일본은 오랫동안 좋은 이웃으로 왕래하고 형제처럼 방문
했습니다. 근래에 일본의 내대內碓 등이 발해에 와서 음악을 배운 뒤
본국으로 돌아갔습니다. 돌아간 지 10년이 지났는데도 안부를 알려
주지 않기에, 대사大使 일만복 등을 귀국[83]에 보내 알현하도록 했습니
다. 그런데 이들도 4년이 지나도록 귀국하지 않고 있습니다. 그래서
다시 저희들을 보내서 천황의 명령을 직접 받들도록 한 것이지, 다른

---

82 국사, 즉 고쿠시는 중앙정부가 지방의 국國에 파견한 행정관을 말한다.
83 1권본에서는 '일본국'이라고 했다.

의도는 없습니다. 드리는 물건과 갖고 온 서한은 모두 선내에 있습니다."

태정관大政官에서는 서한이 관례에 어긋난다며 수령하지 않았다. 그러면서 "발해 사신이 이쪽 길로 왔는데, 이것은 전에 금지한 일입니다. 앞으로는 관례에 따라 축자도筑紫道로 오십시오"라고 말했다.

▎烏須弗: 文王時, 使日本, 着能登國. 國司, 問故, 須拂, 以書, 報, 曰. 渤海, 日本, 久來, 好隣, 往來, 朝聘, 如兄如弟. 近季, 日本內碓 等, 住渤海, 學問音聲, 却返本國. 今, 經十季, 未報安否, 由是, 差 大使壹萬祿等, 遣向貴邦, 擬於朝參. 稍經四季, 又未返國. 故更差 卑職等, 面奉明旨, 更無餘事. 所附進物及來書, 並在船內. 大政官, 以書函, 違例, 不受. 又曰. 渤海使, 取此道, 而來, 前有禁斷. 自今 以後, 依舊例, 從筑紫道, 來.

사도몽史都蒙, 고녹사高祿思, 고울림高鬱琳, 고숙원高淑源, 사도선史道仙, 고규선高珪宣

사도몽은 관직이 헌가대부獻可大夫 겸 사빈소령司賓少令 겸 개국남이고, 고녹사는 대판관大判官이고, 고울림은 소판관少判官이며, 고숙원은 판관이고, 사도선은 대녹사大錄事이고, 고규선은 소녹사少錄事였다. 문왕 때 함께 사신이 되어 187명을 인솔하고 일본에 갔다. 왕비의 초상을 알리는 동시에 왜황의 즉위를 축하하기 위해서였다. 하지만 풍랑을 만나 표류하던 끝에 침몰하고 겨우 46명만 살아남았다. 숙원과 소녹사 한 명도 죽었다.

일본인들은 "오수불이 귀국할 당시, 태정관에서 '발해 사신은 관례에 따라 태재부로 가야 한다. 이 길로는 올 수 없다'고 했습니다. 지금 약속을 어긴 것은 어찌된 일입니까?"라고 물었다. 도몽 등은 "실제로 그런 명령을 받았기 때문에 저 도몽 등은 저희 나라 남해부의 토호포吐號浦[84]에서 출발하여 서쪽으로[85] 대마도의 죽실진竹室津을 향했습니다. 그러나 바다에서 풍랑을 만나는 바람에 금지된 이곳에 표착하게 되었습니다. 약속을 어긴 죄는 피할 수 없습니다"라고 대답했다.

일본은 열여섯 명을 해안에 따로 머물게 하려고 했다. 도몽은 "이것은 몸 하나를 갈라서 등을 떼고 사지를 잃은 채 기어 다니는 것과 같습니다"라고 말했다. 이에 일본은 함께 들어오는 것을 허용했다.[86] 왜황은 중합문重閤門에 행차하여 도몽이 말 타고 활 쏘는 것을 참관했다. 도몽은 그쪽 사신 조신전계와 함께 돌아왔다.

일본은 견 견직물 50필, 실 200구, 솜 300둔을 보내려고 했다. 도

---

84 원문에는 '토울포吐亐浦'로 표기되어 있다. 뒷부분에서는 토호포의 '토吐'가 '토土'로 바뀌어 있다.
85 남해부는 한반도 동북부에 있었다. 따라서 우리의 관점으로는 남해부에서 대마도로 가는 게 동남쪽으로 가는 것이 된다. 하지만 발해 상경에서 남쪽을 바라보는 발해왕의 입장에서는 서남쪽으로 가는 것이 된다. 그래서 "서쪽으로"라는 표현을 쓴 것으로 보인다.
86 수도에 함께 들어오는 것을 허용했다는 의미다.

몽이 더 달라고 요청했다. 그러자 황금 작은 것 100량, 수은 큰 것 100량, 금칠金漆[87] 1부缶, 칠漆 1부, 동백나무 기름 1부, 수정 염주 네 꾸러미, 빈랑나무 부채 10매, 왕후 장례식 부의를 위한 견 견직물 20필, 시 견직물 20필, 솜 200둔을 추가로 보냈다.

史都蒙, 高祿思, 高鬱琳, 高淑源, 史道仙, 高珪宣: 都蒙, 官, 獻可大夫司賓少令開國男, 祿思, 大判官, 鬱琳, 少判官, 淑源, 判官, 道仙, 大錄事, 珪宣, 少錄事. 文王時, 率一百八十七人, 同使日本. 赴王妃喪, 兼賀倭皇卽位. 遭風, 漂沒, 僅存四十六人. 淑源及少錄事一人, 亦死. 日本人, 問. 烏須弗歸時, 大政官, 處分, 渤海使, 宜依舊例, 向太宰府. 不得取此路, 而來. 今, 違約束, 其事如何. 都蒙等, 對, 曰. 實承此旨, 故都蒙等, 發自獎邑南府吐亏浦, 西指對馬島竹室之津, 而海中, 遭風, 着此禁境. 失約之罪, 更無所避. 日本, 又欲以十六人, 別留海岸. 都蒙, 曰. 此, 猶割一身, 而分背, 失四體, 而蒲伏. 日本, 乃聽同入. 倭皇, 御重閣閣, 觀都蒙騎射. 都蒙, 与其使朝臣殿繼, 俱來. 送絹五十匹, 絲二百絇, 綿三百屯. 都蒙, 請加附. 又送黃金小一百兩, 水銀大一百兩, 金漆一缶, 漆一缶, 海石榴油一缶, 水晶念珠四貫, 檳榔扇十枚, 贈王后絹二十疋, 絁二百疋, 綿二十屯.

---

87 옻칠을 하고 아교풀에 금가루를 뿌린 것.

장선수張仙壽

관직은 헌가대부 겸 사빈소령이었다. 문왕 때 일본에 사신으로 가서 왜황에게 왕의 뜻을 전달했다. "조신전계 등이 길을 잃고 먼 곳의 소수민족 경내에 표착하는 바람에 선박이 부서졌습니다. 배 두 척을 만들어 귀국시키도록 했습니다"라고 말했다.[88]

▌張仙壽: 官, 獻可大夫司賓少令. 文王時, 使日本, 以王旨, 言于倭皇, 曰. 朝臣殿繼等, 失路, 漂着遠夷之境, 船破. 爲造二船, 領歸.

고반죽高伴粥, 고열창高說昌

고반죽은 압령押領이고 고열창은 통사通事였다. 문왕 때 사신이 되어 일본에 함께 갔다. 일본은 국서가 관례에 어긋난다면서 수리하지 않았다. 또 축자도를 경유하지 않은 것도 질책했다. 철리부鐵利府[89] 관리가 열창보다 상석에 앉겠다고 다투자 태정관은 각각 지위를 서로 다르게 만들었다. 반죽의 선박이 부서지자 일본은 아홉 척을 줘서 돌아가게 했다.

▌高伴粥, 高說昌: 伴粥, 押領, 說昌, 通事. 文王時, 同使日本. 日本,

---

88 1권본에는 "왜황이 궐내에서 활을 쏘자 장선수도 함께했다"는 문장이 뒤에 있다.
89 철리부는 발해 영역 내의 말갈족 땅이었다. 발해 내 동북부에 있었다. 철리부 관리가 발해 사신과 상석을 다툰 것은, 철리부가 형식적으로는 발해에 속해 있었지만 실제로는 자치국 이었음을 보여주는 것이다. 고대에는 발해만큼 넓은 땅을 중앙집권적으로 통치할 수 없었다. 그래서 영토가 커다란 국가의 대부분은 내부의 소수민족에게 자치권을 허용했다.

以國書, 違例, 不受. 又責不由筑紫道. 鐵利官人, 爭坐說昌之上,

大政官, 爲異其班. 伴粥船, 破, 日本, 給九船, 以歸.

여정림呂定琳

관직은 광간대부匡諫大夫[90] 겸 공부낭중工部郎中이었다. 강왕 때 60명을
이끌고 일본에 사신으로 갔다가, 오랑캐 땅인 지리파촌志理波村에 표
착해서 약탈을 당했다. 그 바람에 사람들이 많이 흩어지자 출우국으
로 도주해서 상황을 알렸다. 왜황은 이들을 월후국越後國에 옮겨두고
물자를 공급했다. 여정림이 당나라에서 공부하는 일본 승려 영충永忠
의 서신을 왜황에게 바치자 왜황이 답서[91]를 주었다.

▌ 呂定琳: 官, 庭諫大夫工部郎中. 康王時, 率六十人, 使日本. 漂着
夷地志理波村, 被掠, 人, 多散, 亡出羽國, 言狀. 倭皇, 置越後國,
供給. 定琳, 致在唐學問日本僧永忠書於倭皇, 倭皇, 付荅書.

대창태大昌泰

관직은 위군대장군衛軍大將軍 겸 좌웅위도장左熊衛都將 겸 상주국개국자
上柱國開國子였다. 강왕 때 일본에 사신으로 갔다. 왜황이 태극전에 행
차해 만나보았다. 네 번 절하는 것을 두 번 절하는 것으로 줄여주고,

---

90 원문에는 '정간대부庭諫大夫'로 잘못 적혀 있다.
91 원문은 '답서荅書'로 표기되어 있지만 '답서荅書'를 의미한다.

박수를 치지 않도록 해주었다. 또 채색으로 단장한 궁전을 만들어주고 거기서 쉬도록 했다. 발해 사신의 선박이 대개 다 능등국에 도착하므로, 왜국에서는 그들이 머물러 지낼 곳을 수리하고 단장했다.

❙ 大昌泰: 官, 衛軍大將軍左熊衛都將上柱國開國子. 康王時, 使日本. 倭皇, 御太極殿, 引見. 爲減四拜, 爲二拜, 不拍手. 又搆彩殿, 以享之. 渤海使舶, 多着能登國, 倭, 修飾其停宿之處.

고남용高南容, 고다불高多弗[92]

고남용은 두 차례에 걸쳐 일본에 사신으로 갔다. 그 나라에서는 홍려관에서 연회를 베풀거나 조집원에서 연회를 베풀어주었다. 그쪽 사신인 숙미동인宿彌東人과 함께 귀국했다. 숙미동인은 국서가 관례에 어긋난다면서 그냥 두고 가버렸다.

고다불은 수령首領[93]으로서 남용을 따라갔다가 이탈한 뒤 월전국越前國에 머물렀다. 왜국에서는 그를 월중국越中國에 옮겨두고 식량을 공급하는 한편, 어학생들이 그에게서 발해어를 배우도록 했다.

❙ 高南容, 高多弗: 南容, 再使日本. 其國, 或宴於鴻臚館, 或宴於朝集院. 与其使宿彌東人, 俱來. 東人, 以國書, 違例, 棄之, 而去. 多

---

92 1권본에는 '고다불' 아래에 "이 아래 일곱 명은 어느 왕 때 사람인지 알 수 없다"는 주석이 붙어 있다.

93 1권본에는 '추령酋領'이라고 적혀 있다.

弗, 以首領, 隨南容, 脫留越前國. 倭, 置之越中國, 給食, 使習語生
等, 學渤海語.

왕효렴王孝廉, 고경수高景秀, 고막선高莫善, 왕승기王昇基

왕효렴은 대사고 고경수는 부사며 고막선과 왕승기는 판관이었다.
함께 사신이 되어 일본에 갔다. 왜황은 효렴에게 종3위를, 경수에게
정4위를, 막선과 승기에게 정5위를 제수했다. 한편, 녹사 이하에게는
봉록을 하사했다. 당나라 월주越州 사람인 주광한周光翰과 언승칙言升則
등이 일본에서부터 사신을 따라왔다.

▎ 王孝廉, 高景秀, 高莫善, 王昇基: 孝廉, 大使, 景秀, 副使, 莫善昇
基, 判官. 同使日本. 倭皇, 授孝廉從三位, 景秀正四位, 莫善, 昇基
正五位. 又賜錄事以下祿. 唐越州人周光翰, 言升則等, 自日本, 隨
使者, 來.

왕문구王文矩

일본에 사신으로 갔다. 왜황이 풍락전에 행차하여 5위 이상인 사람
들을 위해 연회를 베풀어주었다. 왕문구가 격구를 하자 왜황은 솜
200둔을 하사했다.

▎ 王文矩: 使日本. 倭皇, 御豐樂殿, 宴五位以上. 文矩, 爲擊毬, 倭
皇, 賜綿二百屯.

정태貞泰, 장선璋璿[94,95]

정태는 대사고 장선은 부사였다. 함께 사신이 되어 일본에 갔다. 거
란산 큰 개[96] 두 마리와 왜인[97] 두 명[98]을 왜황에게 바쳤다.

❙ 貞泰, 璋璿: 貞泰, 大使, 璋璿, 副使. 同使日本. 以契丹大揭二口,
倭子二口, 獻倭皇.

오효신烏孝愼,[99] 양성규揚成規,[100] 배정裵頲, 배문裵文, 배구裵璆[101,102]

모두 다[103] 사신이 되어 일본에 갔다가 거의 다 북륙도北陸道의 가하주
加賀州에 도착했다. 배문은 일본인 간극상簡亟相의 시를 보고 감탄하면

---

94 정태와 장선은 1권본에는 없는 인물들이다.

95 중국인 김육불(1887~1962)이 지은 발해 역사서인 《발해국지장편渤海國志長篇》에서는 장선
이 발해 선왕 때 벼슬을 했다고 하면서 "장선의 성은 알 수 없다"라고 했다. 《발해고》〈신하
고〉편에 나오는 다른 신하들과 달리, 장선은 성 없이 이름만으로 소개되고 있는 것이다.

96 원문은 '대게大揭'다. 하지만 유득공이 참고한 것으로 보이는 일본 역사서 《일본일사日本逸
史》에는 대구大狗, 즉 큰 개라고 적혀 있다. '게揭'와 '구狗'가 비슷해서 착오를 일으킨 것으
로 보인다. 《일본일사》에 따르면, 824년에 발해 사신 정태가 나라에서 보내준 예물을 바
친 뒤에 별도로 거란산 큰 개 등을 바쳤다고 했다. 《일본일사》는 1692년에 편찬된 책으로,
《일본후기日本後紀》 중에서 사라진 부분을 복원한 책이다. 《일본후기》는 792~833년 기간
의 일본 역사를 담은 책이다.

97 원문에는 '뇌자倭子'라고 되어 있다. 하지만 《일본일사》에는 '왜자倭子'로 표기되어 있다.
왜자는 왜인과 같은 말이다.

98 원문에는 '2구口'라고 되어 있다. 고대에는 법적 인격이 인정되지 않는 노예들을 셀 때 '구
口'라는 단위를 사용했다. 이를 고려하면, 왜인 두 명의 처지 혹은 신분이 노예와 비슷했음
을 추론할 수 있다.

99 오효신은 일본 역사서에서 마효신馬孝愼이란 이름으로도 등장한다. 일례로, 833~850년 기
간의 역사를 기록한 《속일본후기續日本後紀》의 11권에는 842년에 마효신이란 사신이 일본

서 "백향산白香山과 흡사하다"라고 말했다.

고남용에서 배구까지 열다섯 명[104]의 사신이 파견된 것은, 일본 쪽에서는 차아천황嵯峨天皇 이후가 되고 발해 쪽에서는 선왕 이후가 된다.[105]

천황에게 정5위의 벼슬을 받았다는 내용이 적혀 있다. 이 마효신이 바로 오효신이다. 《발해국지장편》에서는 "오효신은 마씨 성으로도 불린다"고 했다. 이 책에 따르면 오씨는 발해의 주요 성씨이며, 역사서에 등장하는 사람은 오효신을 포함해서 열한 명이다.

100 원문은 '양성구揚成矩'다. 그러나 유득공이 참고했을 것으로 보이는 《유취국사類聚國史》에 등장하는 발해 사신은 양성구가 아니라 양성규다. 이 책에는 871년에 발해 사신 양성규를 비롯한 105명이 도착했다는 기사가 나온다. 《유취국사》는 892년에 나온 역사서로서, 기존에 있던 《일본서기日本書紀》·《속일본기》·《일본후기日本後紀》·《속일본후기》·《일본문덕천황실록日本文德天皇實錄》·《일본3대실록日本三代實錄》을 재편집한 책이다.

101 원문은 '배료裵瓔'다. 하지만 일본 역사서에 등장하는 발해 사신은 배구裵璆다. 일례로, 상고시대부터 1036년까지의 역사를 기록한 《일본기략日本紀略》의 908년 기사에도 "발해 사신 배구가 조정을 방문했다"라는 문장이 있다. '요瓔'와 '구璆'가 비슷해서 착오를 일으킨 것 같다. 배구는 배정의 아들이다.

102 오효신을 포함한 이 다섯 명은 1권본에 안 나온다.

103 이 다섯 명이 동시에 일본을 방문했다는 뜻은 아니다. 이들은 각각 다른 시기에 일본을 방문했다. 예컨대, 오효신은 857년에 일본에 갔고, 배구는 50년 뒤인 907년에 갔다. 이 여섯 명의 공통점은, 사신으로 갔다가 북해도의 가하주에 도착했다는 점이다. 그래서 한데 묶은 것이다.

104 원문에서는 열네 명이라고 했다. 하지만 《발해국지장편》에 따르면, 고남용 이후의 발해 사신 중에서 정사正使는 고남용을 포함해 열다섯 명이다. 파견된 순서로 이들을 열거하면, 고남용(2회 파견), 왕효렴·모감덕·이승영(1회 파견), 왕문구(3회 파견), 고정태·고승조·하복연·오효신·이거정·양성규·양중원(1회 파견), 배정(2회 파견), 왕구모(1회 파견), 배구(2회 파견)다.

105 고남용이 처음 파견된 해는 809년이다. 이때는 차아천황(재위기간 809~823)의 시대였다. 그런데 그 해에 발해에서는 강왕과 정왕이 교체되었다. 정왕 이후로 희왕과 간왕을 거쳐 선왕이 등극했다. 이런 점을 고려하면, 본문의 '성왕'은 '정왕'으로 교체되어야 하리라 생

▌烏孝愼, 揚成矩, 裵頲, 裵文, 裵璆: 皆使日本, 多着北陸道之加賀

州. 文, 見日本人簡亟相詩, 歎賞, 云. 似白香山. 高南容至裵璆,

十四人之使, 日本,[106] 爲嵯峨天皇以後, 在渤海, 爲宣王以後, 云.

오소탁烏炤度, 그의 아들 광찬光贊[107]

오소탁은 대인선 때의 재상이다. 신라인 최언위崔彦撝가 당나라에 가

서 예부시랑禮部侍郎 설정규薛庭珪 밑에서 공부하여 과거에 급제했다.

소탁의 아들 광찬의 이름은 최언위 아래에 있었다. 소탁은 이때 사신

으로서 당나라에 있었다. 그는 그것을 보고 표문을 올려 "신이 옛날

조정에 와서 급제했을 때는 제 이름이 이동李同[108]의 위에 있었습니다.

지금 신의 아들 광찬도 언위보다 위에 있어야 합니다"라고 요구했다.

당나라 조정은 언위의 실력이 우수하다면서 불허했다.

▌烏炤度, (子)光贊: 炤度, 譚譔時宰相也. 新羅人崔彦撝, 入唐, 禮部

侍郎薛庭珪下, 及第. 炤度子光贊, 名, 在彦撝下. 炤度, 時, 以使在

唐. 見之, 表請, 云. 臣, 昔季, 入朝, 登第, 名, 在李同之上. 今, 臣

子光贊, 宜居彦撝上. 唐朝, 以彦撝, 才學, 優瞻, 不許.

각한다.

106 문장 구조로 볼 때, '일본日本' 앞에 '재在'가 붙어야 한다.

107 이 부분은 《고려사》 권92 〈최언위 열전〉에 나오는 일화에 기초한다.

108 신라인.

신덕申德

관직은 장군이었다. 고려 태조[109] 8년 9월 병신일[110]에 부하 500명과 함께 고려로 도망했다. 이 해에 요나라가 발해를 공격했고, 이듬해 홀한성이 함락되었다.

▌ 申德: 官, 將軍. 高麗大祖八季九月丙申, 与其屬五百人, 奔高麗. 是歲, 遼, 攻渤海, 明季, 忽汗城, 破.

대화균大和均, 대원균大元均, 대복모大福蕃, 대심리大審理[111]

대화균은 관직이 예부경禮部卿이고, 대원균은 사정司政이며, 대복모는 공부경工部卿이고, 대심리는 좌우위장군左右衛將軍이었다. 고려 태조 8년 9월 경자일[112]에 백성 100호를 거느리고 고려로 도주했다.

▌ 大和均, 大元均, 大福謨, 大審理: 和鈞, 官, 禮部卿, 元均, 司政, 福 謨, 工部卿, 審理, 左右衛將軍. 高麗太祖八季九月庚子, 率民一百 戶, 奔高麗.

---

109 원문에는 '태조太祖'가 아닌 '대조大祖'로 표기되어 있다. '태太'를 '대大'로 잘못 썼거나 같은 뜻이라는 생각에서 그렇게 썼을 것이다.

110 태조 8년 9월 병신일(6일)은 925년 9월 26일이다.

111 1권본에는 다섯 명이 소개되었다. 4권본에서는 대균로大均老기 빠진 채 네 명만 소개되었다. 대균로에 관한 1권본의 내용은 관직이 예부경이었으며 태조 8년 9월 경자일에 고려로 망명했다는 점이다.

112 태조 8년 9월 경자일(10일)은 925년 9월 30일이다.

모두간冒豆干, 박어朴漁

모두간은 관직이 좌수위左首衛 소장小將이고, 박어는 검교檢校 겸 개국 남이었다. 고려 태조 8년 12월 무자일[113]에 백성 1,000호[114]를 거느리고 고려로 도주했다.

▌冒豆干, 朴漁: 冒豆干, 官, 左首衛小將, 漁, 檢校開國男. 高麗太祖 八季十二月戊子, 率民一千戶, 奔高麗.

오흥吳興, 승려 대대載碓

오흥은 관직이 공부경이었다. 고려 태조 10년 3월 갑인일[115]에 자기 휘하 50명과 함께 고려로 도주했다. 대대 역시 자기 무리 60명과 함께 오흥을 따라 고려로 도주했다.

▌吳興, (僧)載碓: 興, 官, 工部卿. 高麗太祖十季三月甲寅, 与其屬 五十人, 奔高麗. 載碓, 亦与其徒六十人, 隨興, 奔高麗.

김신金神

고려 태조 11년 3월 무신일,[116] 6,000호를 거느리고 고려로 도주했다.

▌金神: 高麗太祖十一季三月戊申, 率六千戶, 奔高麗.

---

113 태조 8년 12월 무자일(29일)은 926년 1월 16일이다.
114 1권본에는 100호로 적혀 있다.
115 태조 10년 3월 갑인일(3일)은 927년 4월 7일이다.
116 태조 11년 3월 무신일(2일)은 928년 3월 26일이다.

대유범大儒範

고려 태조 11년 7월 신해일,[117] 백성들을 거느리고 고려로 도주했다.

▌大儒範: 高麗太祖十一季七月辛亥, 率民, 奔高麗.

은계종隱繼宗

고려 태조 11년 9월 정유일,[118] 부하들과 함께 고려로 도주했다. 태조가 천덕전에서 접견했다. 은계종이 절을 세 번 하자 사람들은 예의에 어긋난다고 말했다. 하지만 대상大相 송함홍宋含弘은 "나라를 잃은 사람이 세 번 절하는 것은 옛날 예법이다"라고 말했다.

▌隱繼宗: 高麗太祖十一季九月丁酉, 与其屬, 奔高麗. 太祖, 引見於天德殿. 繼宗等, 三拜, 人, 謂失禮. 大相含弘, 曰. 失土人, 三拜, 古之禮也.

홍견洪見

고려 태조 12년 6월 경신일,[119] 선박 20척에 사람과 물자를 싣고 고려로 도주했다.

▌洪見: 高麗太祖十二年六月庚申, 以船二十艘, 載人物, 奔高麗.

---

117 태조 11년 7월 신해일(8일)은 928년 7월 27일이다.
118 태조 11년 9월 정유일(25일)은 928년 11월 10일이다.
119 태조 12년 6월 경신일(23일)은 929년 7월 31일이다.

정근正近[120]

고려 태조 12년 9월 병자일,[121] 300여 명을 이끌고 고려로 도망해 들어왔다.

▎正近: 高麗太祖十二季九月丙子, 率三百餘人, 奔高麗.

대광현大光顯

대인선의 세자다. 고려 태조 17년 7월,[122] 수만 명의 무리를 이끌고 고려로 도주했다. 이보다 앞서, 고려 궁성에서 지렁이가 나왔다. 길이가 70척이었다. 사람들은 "발해가 투항해올 징조"라고들 말했다.[123] 태조는 대광현에게 왕계王繼라는 성명을 하사하고 왕실 족보에 올려주었다. 특별히 원보元甫 직을 제수하고 백주白州[124]를 줌으로써 제사를 받들 수 있도록 했다.[125] 부하들에게도 작위를 주고 군사들에게도 땅과 집을 차등적으로 하사했다.

그 뒤 요나라가 사신을 파견하면서, 고려 태조에게 낙타 50필을 보

---

120 1권본에는 없는 인물이다.

121 태조 12년 9월 병자일(10일)은 929년 10월 15일이다.

122 태조 17년 7월은 934년 8월 13일부터 9월 11일까지다.

123 "이보다 앞서~말했다"까지의 내용은 1권본에는 없다.《동사강목東史綱目》에 나오는 이야기를 추가한 것이다.

124 지금의 황해남도 배천군이다. 한자로는 백천군白川郡으로 표기한다.

125 백주를 주어 제사를 받들 수 있도록 했다는 것은, 백주에 대한 조세 징수권으로 제사에 필요한 재원을 만들 수 있도록 했다는 뜻이다.

냈다. 태조는 '예전에 거란이 발해와 화친했다가 갑작스레 의심이 생기자 기존 동맹을 고려하지도 않고 하루아침에 멸망시켜 버린 것은 매우 무도한 일이다. 따라서 번거롭게 관계를 맺을 필요가 없다'고 생각했다. 그래서 관계를 끊고 사신 30명을 섬에 유배시켰다. 낙타는 만부교萬夫橋 아래 묶어두고 모두 굶겨 죽였다.[126]

태조는 서역 승려인 말라襪羅를 통해 진晉나라 고조高祖에게 "발해와 우리는 혼인했습니다. 그 왕이 거란에 잡혀 있으니 함께 공격하기를 요청합니다"라고 말했다. 하지만 고조는 회답하지 않았다.

광현의 아들 도수道秀는 현종 때 대장大將이 되었다. 후손 금취金就는 고종 때 대장이 되어 몽골을 치는 공을 세웠다. 그래서 영순군永順君에 책봉되고 나중에 영순 태씨가 되었다.[127]

▎大光顯: 諲譔世子也. 高麗太祖十七季七月, 率衆數萬, 奔高麗. 先是, 高麗宮城, 蚯蚓, 出. 長, 七十尺. 人, 謂. 渤海, 來投之應. 太祖, 賜光顯姓名王繼, 附之宗籍. 特授元甫, 授白州, 以奉其祀. 賜僚佐爵, 軍士田宅, 有差. 其後, 遼, 遣使, 遣高麗太祖橐駝五十匹. 太祖, 以契丹, 与渤海, 嘗連和, 忽生疑貳, 不顧舊盟, 一朝, 殄滅, 此, 爲無道之甚. 不足遠結爲隣. 絶其交聘, 流其使三十人于海島. 繫

---

126 1권본에서는 대광현 편이 여기서 끝난다. 아래 내용은 1권본에 없다.
127 이 문단은 1권본에서는 '대광현'이란 소제목에 주석으로 달려 있었다. 이것이 4권본에서는 본문으로 옮겨졌다.

橐駝萬夫橋下, 皆餓死. 太祖, 因胡僧襪羅, 言於晉高祖, 曰. 渤海,
我, 婚姻也. 其王, 爲契丹所虜, 請共擊之. 高祖, 不報. 光顯子道
秀, 顯宗時, 爲大將. 後孫金就, 高宗時, 爲大將, 伐蒙古, 有功. 封
永順君, 遂爲永順太氏.

진림陳琳

고려 태조 17년 12월,[128] 휘하 160명과 함께 고려로 도주했다.

▍陳琳: 高麗太祖十七季十二月, 与其屬一百六十人, 奔高麗.

박승朴昇

고려 태조 21년,[129] 3,000여 호를 거느리고 고려로 도주했다.[130]

▍朴昇: 高麗太祖二十一季, 率三千餘戶, 奔高麗.

고길덕高吉德[131]

흥요국興遼國[132] 대부승大府丞이었다. 고려 현종 20년 9월 무오일,[133] 대

---

128 태조 17년 12월은 935년 1월 8일부터 2월 5일까지다.

129 938년.

130 자기 영토를 버린 상태에서 대규모 인원을 거느리고 투항하는 귀족을 환영해준 것이 현대
인의 관점에서는 이해되지 않을 수도 있다. 고대에는 인구밀도가 낮았기 때문에 영토보다
는 인구를 데리고 투항하는 사람이 더 많은 환영을 받았다.

131 1권본에는 없는 인물이다.

연림大延琳[134]이 고길덕을 고려에 보내 건국을 알리고 지원을 요청했다. 21년 정월 병인일,[135] 길덕은 수부원외랑水部員外郎 자격으로 고려에 표문을 올려 군대를 요청했다.

▎ 高吉德: 興遼國大府丞. 高麗顯宗二十季九月戊午, 大延琳, 遣吉德, 告高麗以建國, 兼求援. 二十一季正月丙寅, 吉德, 又以水部員外郎, 上表, 乞師于高麗.

대연정大延定[136]

흥요국 태사太師였다. 고려 현종 20년 12월,[137] 대연정은 동북방 여진족을 끌어들여 거란을 공격하면서 고려에 사신을 보내 지원을 간청했다. 고려는 수락하지 않았다. 이후로 거란과의 길이 막혀 통하지 않게 되었다.

▎ 大延定: 興遼國太師. 高麗顯宗二十季十二月, 延定, 引東北女眞, 与契丹, 相攻, 遣使, 乞援于高麗. 高麗, 不許. 自此, 高麗, 与契丹,

---

132 발해가 멸망한 지 약 100년 뒤인 1029년에 대연림이 발해를 부흥시키려고 지금의 요동반도를 거점으로 반反요나라 운동을 벌였다. 이렇게 해서 세운 나라가 흥요국이다. 하지만 1년 뒤에 멸망했다.

133 현종 20년 9월 무오일(3일)은 1029년 10월 12일이다.

134 대연림에 관해《고려사》〈현종 세가〉에서는 이렇게 말한다. "대연림은 발해 시조인 대조영의 7대손으로서 거란을 반대하여 국호를 흥요라 하고 연호를 천흥이라 했다."

135 현종 21년 정월 병인일(3일)은 1030년 2월 7일이다.

136 1권본에는 없는 인물이다.

137 현종 20년 12월은 1030년 1월 7일부터 2월 4일까지다.

路梗, 不通.

유충정劉忠定, 대경한大慶翰[138]

유충정은 흥요국 행영도부서行營都部署이고, 대경한은 영주자사寧州刺
史였다. 고려 현종 21년 7월 을축일,[139] 충정은 경한을 시켜 표문을 갖
고 가서 고려에 지원을 요청하도록 했다.

▎劉忠定, 大慶翰: 忠正, 興遼國行營都部署, 慶翰, 寧州刺史. 高麗
顯宗二十一季七月乙丑, 忠正, 遣慶翰, 賫表, 乞援于高麗.

이광록李匡祿[140]

흥요국 영주자사였다. 고려 현종 21년 9월 병진일,[141] 대연림이 이광
록을 파견하여 고려에 긴급 상황을 알렸다. 이때 거란 역시 천우장군
千牛將軍 나한노羅漢奴를 보내, 연림이 이미 포위되어 항복했다는 사실
을 고려에 알렸다. 광록은 나라가 망했다는 말을 듣고, 고려에 머무
르며 끝내 돌아가지 않았다.

▎李匡祿: 興遼國郢州刺史. 高麗顯宗二十一季九月丙辰, 大延琳,
遣匡祿, 告急于高麗. 是時, 契丹, 亦遣其千牛將軍羅漢奴, 報高麗,

---

138 1권본에는 없는 인물들이다.《고려사》〈현종 세가〉에 등장한다.
139 현종 21년 7월 을축일(14일)은 1030년 8월 15일이다.
140 1권본에는 없는 인물이다.《동국통감東國通鑑》에 등장한다.
141 현종 21년 9월 병진일(6일)은 1030년 10월 5일이다.

以大延琳, 遭圍閉, 已歸降. 匡祿, 聞國亡, 遂留高麗, 不返.

대도행랑大道行郎, 고진상高眞祥, 왕광록王光祿[142]

대도행랑[143]은 흥요국 감문군監門軍이고, 고진상은 제군판관諸軍判官이며, 왕광록은 공목관孔目官이었다. 고려 덕종 즉위년 7월 정묘일,[144] 대도행랑 등 열네 명이 고려로 도주했다. 기사일[145]에는 진상과 광록이 거란에서 문건을 들고 고려로 도주했다.

이보다 앞서, 고려 경종 4년[146]에 발해인 수만 명이 고려로 도주했다. 고려 현종 20년 8월[147]에도 동여진 대상大相 쾌발噲拔이 종족 300여 호를 거느리고 고려로 도주했다. 고려는 옛 발해 성터를 주고 거기 살게 했다. 21년 10월[148]에도 거란, 해가奚哥 및 발해 사람 500명이 망명했다. 고려는 이들을 강남江南[149]의 주와 군에 배치했다. 22년 3월[150]에

---

142 1권본에는 없는 인물들이다. 《고려사》〈덕종 세가〉에 등장한다.

143 《발해국지장편》의 저자인 김육불은 대도행랑을 발해 왕족으로 추정했다. 발해 멸망 후에 요나라에 투항한 뒤로 대도大道라는 성을 썼을 수도 있다.

144 원문은 '덕종 즉위년 7월 을해일'이다. 하지만 《고려사》〈덕종 세가〉에 따르면 을해일이 아니라 정묘일이다. 덕종 즉위년 7월 정묘일(22일)은 1031년 8월 12일이다.

145 원문에는 기해일이라고 되어 있지만 《고려사》〈덕종 세가〉에 따르면 기사일이다. 덕종 즉위년 7월 기사일(24일)은 1031년 8월 14일이다.

146 979년.

147 현종 20년 8월은 1029년 9월 11일부터 10월 9일까지다.

148 현종 21년 10월은 1030년 10월 30일부터 11월 27일까지다.

149 고려는 995년에 강남도江南道를 설치했다. 금강 이남에 설치한 강남도는 지금의 전라북도와 대체로 비슷했다. 이 점을 고려하면, 본문의 강남은 강남도로 판단된다.

도 거란의 발해 유민 40여 명이 고려로 도주했다. 덕종 때까지 발해 유민이 고려에 투항하는 일이 끊임없이 계속되었다.

▎大道行郎, 高眞祥, 王光祿: 大道行郎, 興遼國監門軍, 眞祥, 諸軍判官, 光祿, 孔目. 高麗德宗卽位七月乙亥, 大道行郎等十四人, 奔高麗. 己亥, 眞祥, 光祿, 自契丹, 持牒, 奔高麗. 先是, 高麗景宗四季, 渤海人數萬, 奔高麗. 顯宗二十季八月, 東女眞大相噲拔, 率其族三百餘戶, 又奔高麗. 高麗, 賜渤海古城地, 處之. 二十一季十月, 契丹, 奚哥, 渤海人, 五百人, 又奔. 高麗, 處之江南州郡. 二十二季三月, 契丹渤海民四十餘人, 又奔高麗. 及至德宗時, 渤海人, 附高麗者, 不絶.

사지명동沙志明童, **사통**史通, **살오덕**薩五德, **우음약기**亐音若己,[151] **소을사**所乙史, **고성**高城, **이남송**李南松, **수을분**首乙分, **가수**可守, **정기질화**正奇叱火,[152] **선송**先宋, **기질화**奇叱火[153]

모두 흥요국 사람들이다. 고려 덕종 1년 정월,[154] 사지명동 등 스물아

---

150 현종 22년 3월은 1031년 3월 26일부터 4월 24일까지다.

151 원문에는 '옳음음약이亐音若己'로 표기되어 있다. 하지만 《고려사》〈덕종 세가〉에 따르면 '우음약기亐音若己'이다.

152 원문에는 '기질화'라고 표기되어 있지만 《발해국지장편》에서는 '정기질화'라는 이름으로 등장한다. 《발해국지장편》에는 정기질화와 기질화라는 이름이 등장한다. 4권본에는 똑같이 기질화라는 이름으로 나오므로, 두 사람을 구분하기 위해 《발해국지장편》을 따르기로 한다.

153 1권본에는 없는 인물들이다. 《고려사》와 《고려사절요高麗史節要》에 나온다.

154 덕종 1년 정월은 1032년 2월 14일부터 3월 13일까지다.

홉 명이 고려로 도주했다. 2월 무신일,[155] 사통 등 열일곱 명이 고려로 도주했다. 5월 정축일,[156] 살오덕 등 열다섯 명이 고려로 도주했다. 6월 신해일,[157] 우음약기 등 열두 명이 고려로 도주했다. 6월 을묘일,[158] 소을사 등 열일곱 명이 고려로 도주했다. 7월 병신일,[159] 고성 등 스무 명이 고려로 도주했다. 이남송은 압사관押司官이었다. 10월 병오일[160]에 열 명과 함께 고려로 도주했다. 2년 4월 무술일,[161] 수을분 등 열여덟 명이 고려로 도주했다. 무오일,[162] 가수 등 세 명이 고려로 도주했다. 정기질화는 감문대정監門隊正이었다. 5월 계사일[163]에 열아홉 명과 함께 고려로 도주했다. 6월 신축일,[164] 선송 등 일곱 명이 고려로 도주했다. 12월 계축일,[165] 기질화 등 열한 명이 고려로 도주했다. 그들을 남부 지방에 배치했다. 기질화는 두 명이다.[166] 이것은 방언인 것 같다.[167] 원나라의 백안佰顏[168]이나 배주拜住[169]와 같은 것이다.

---

155 덕종 1년 2월 무신일(7일)은 1032년 3월 20일이다.
156 덕종 1년 5월 정축일(7일)은 1032년 6월 17일이다.
157 덕종 1년 6월 신해일(12일)은 1032년 7월 21일이다.
158 덕종 1년 6월 을묘일(16일)은 1032년 7월 25일이다.
159 덕종 1년 7월 병신일(27일)은 1032년 9월 4일이다.
160 덕종 1년 10월 병오일(8일)은 1032년 11월 13일이다.
161 덕종 2년 4월 무술일(3일)은 1033년 5월 4일이다.
162 덕종 2년 4월 무오일(23일)은 1033년 5월 24일이다.
163 덕종 2년 5월 계사일(29일)은 1033년 6월 28일이다.
164 덕종 2년 6월 신축일(8일)은 1033년 7월 6일이다.
165 덕종 2년 12월 계축일(21일)은 1034년 1월 14일이다.
166 여기서 말하는 기질화에는 정기질화와 기질화가 모두 포함된다.

▌沙志明童, 史通, 薩五德, 亏音若己, 所乙史, 高城, 李南松, 首乙分, 可守, 奇叱火, 先宋, 奇叱火: 皆, 興遼國人. 高麗德宗元年正月, 沙志明童等二十九人, 奔高麗. 二月戊申, 史通等十七人, 奔高麗. 五月丁丑, 薩五德等十五人, 奔高麗. 六月辛亥, 亏音若己等十二人, 奔高麗. 六月乙卯, 所乙史等十七人, 奔高麗. 七月丙申, 高城等二十人, 奔高麗. 南松, 押司官. 十月丙午, 与十人, 奔高麗. 二年四月戊戌, 首乙分等十八人, 奔高麗. 戊午, 可守等三人, 奔高麗. 奇叱火, 監門隊正. 五月癸巳, 与十九人, 奔高麗. 六月辛丑, 先宋等七人, 奔高麗. 十二月癸丑, 奇叱火等十一人, 奔高麗. 處之南地. 奇叱火, 有二人. 似是, 方言. 猶元之伯顏, 拜住也.

개호開好

홍요국 사람이다. 고려 문종 4년 4월,[170] 부하들과 함께 고려로 도주했다.

생각해보면,[171] 《당서唐書》[172] 〈예문지〉에 장건장張建章의 《발해국기

---

167 여기서 말하는 방언은 중국어 이외의 언어를 가리킨다. '기질화'가 중국 문자로 표기되어 있기는 하지만 발해 발음을 중국 문자로 표기한 것에 불과하기 때문에 진정한 중국 문자는 아니라는 뜻에서 그렇게 말했다.

168 몽골 인명 '바얀'을 발음 그대로 표기한 한자다. '기질화'도 이런 식으로 표기된 글자라는 것이다.

169 몽골 인명 '바이주'를 발음 그대로 표기한 한자다.

170 고려 문종 4년 4월은 1050년 4월 24일부터 5월 23일까지다.

渤海國記》세 권이 실려 있다.[173] 《송사》에 따르면, 태조는 조보趙普에게 "절할 때 남자는 무릎을 꿇고 부인은 꿇지 않는 이유는 무엇이냐?"고 물었다. 조보는 예법을 담당하는 관리에게 물어보았다. 하지만 대답을 듣지 못했다. 왕부王溥의 손자인 왕이손王貽孫[174]이 그것에 통달해 있었다. 그는 "당나라 태후의 정부[175] 때부터 부인들이 절할 때 꿇지 않았습니다. 태화 시기[176]에 유주종사幽州從事 장건장이 《발해국기》를 저술할 때 그 일을 다 설명했습니다"라고 말했다. 조보가 그를 크게 칭찬했다. 그 책은 전해지지 않는다.

그러나 서쪽으로 중국을 방문하고 동쪽으로 사신이 일본에 가고 남쪽으로 고려로 도주했던 일들이 여러 역사서에 여기저기 매우 많이 나타난다. 300년 역사를 문헌에서 쉽게 찾을 수 있으니, 그래서 해동성국이라 부르는 것이다.

---

171 "생각해보면"부터 이어지는 내용은 1권본에서는 〈신하고〉가 아니라 〈의장고〉에 있었다. 그 내용을 약간 변형하여 4권본의 〈신하고〉 말미에 실은 것이다. 이 내용은 〈신하고〉의 결론 역할을 하고 있다.

172 《당서》는 《구당서》와 《신당서》를 총칭하는 개념이다. 《신당서》는 《구당서》의 개정판이다. 두 책 다 정식 명칭은 똑같이 《당서》다.

173 《발해국기》를 언급한 것은, 이런 책이 있었을 정도로 발해 역사가 깊다는 이야기를 하기 위해서다.

174 《송사》 〈왕부 열전〉에 따르면, 왕이손은 왕부의 손자가 아니라 아들이다. "(왕부의) 아들은 이손, 이정, 이경, 이서다"라고 했다.

175 측천무후가 세운 주나라를 가리키는 것 같다.

176 827~835년.

▌開好: 興遼國人. 高麗文宗四季四月, 与其屬, 奔高麗.

按. 唐藝文志, 張建章, 渤海國記三卷. 宋史, 太祖, 問趙普. 拜禮, 何以男子跪, 而婦人, 不跪. 普, 問禮官. 不能對. 王溥孫貽孫, 以鍊達, 稱曰. 自唐太后朝, 婦人, 始拜, 而不跪. 太和中, 幽州從事張建章, 著渤海國記, 備言其事. 普, 大稱之. 其書, 不傳. 然其西遊中國, 東使日本, 南奔高麗, 散見於諸史者, 甚多. 三百年, 文獻, 猶有可徵者, 所以稱海東盛國也.

《발해고》제2권 끝.

渤海考卷之二終.

제 3 권

《발해고》제3권

한산주 유득공 짓다

渤海考卷之三

漢山州柳得恭 撰

지리고
地理考

경과 부의 설치

《당서》에서는 "발해 땅에는 5경 15부 62주가 있다"고 했다. 옛 숙신족 땅이 상경이 되고[1] 용천부龍泉府라 불렸다. 이것은 용주龍州·호주湖州·발주渤州 등 세 개 주를 거느렸다. 그 남쪽이 중경中京이 되고 현덕부顯德府라 불렸다. 이것은 노주盧州·현주顯州·철주鐵州·탕주湯州·영주榮州·흥주興州 등 여섯 개 주를 거느렸다. 옛 예맥족 땅이 동경東京이 되고 용원부龍原府 또는 책성부柵城府라 불렸다. 이것은 경주慶州·염주鹽州·목주穆州·하주賀州 등 네 개 주를 거느렸다. 옛 옥저 땅이 남경南京이 되고 남해부南海府라 불렸다. 이것은 옥주沃州·정주睛州·초주椒州 등 세 개 주를 거느렸다. 옛 고구려 땅이 서경西京이 되고 압록부鴨淥府라 불렸다. 이것은 신주神州·환주桓州·풍주豊州·정주正州 등 네 개 주를 거

---

1 숙신족 땅 전체가 상경이 되었다는 의미가 아니라 그 핵심부가 상경이 되었다는 의미다. 중경·남경·동경·서경에 대한 설명도 마찬가지다.

느렸다.

장령부長嶺府라는 것은 하주瑕州·하주河州 등 두 개 주를 거느렸다. 옛 부여 땅이 부여부扶餘府가 되었다. 이곳에 항시 정예병을 주둔시켜 거란족을 막았다. 이것은 부주扶州·선주仙州 등 두 개 주를 거느렸다. 막힐부鄚頡府는 막주鄚州·고주高州 등 두 개 주를 거느렸다. 옛 읍루 땅이 정리부定理府가 되었다. 이것은 정주定州·심주瀋州 등 두 개 주를 거느렸다. 안변부安邊府는 안주安州·경주瓊州 등 두 개 주를 거느렸다. 옛 솔빈부率賓部 땅이 솔빈부率賓府가 되었다. 이것은 화주華州·익주益州·건주建州 등 세 개 주를 거느렸다. 옛 불열부拂涅部 땅이 동평부東平府가 되었다. 이것은 이주伊州·몽주蒙州·타주沱州·흑주黑州·비주比州 등 다섯 개 주를 거느렸다. 옛 철리부鐵利部 땅이 철리부鐵利府가 되었다. 이것은 광주廣州·분주汾州·포주蒲州·해주海州·의주義州·귀주歸州 등 여섯 개 주를 거느렸다. 옛 월희부越喜部 땅이 회원부褢遠府가 되었다. 이것은 달주達州·월주越州·회주褢州·기주紀州·부주富州·미주美州·복주福州·사주邪州·지주芝州 등 아홉 개 주를 거느렸다. 안원부安遠府는 영주寧州·미주郿州·모주慕州·상주常州 등 네 개 주를 거느렸다.

또 영주郢州·동주銅州·속주涑州 등 세 개 주는 독주주獨奏州[2]가 되었다. 속주의 경우, 근처에 속말강이 있었다. 이것이 이른바 속말수粟末水다.

---

2 부에 속하는 일반적인 주와 달리 중앙에 직속한 주를 지칭한다.

용원부의 동남쪽 연해는 일본길[3]이다. 남해부는 신라길이다. 압록부는 조공길이다. 장령부는 영주길이다. 부여부는 거란길이다.

▌京府建置: 唐書, 曰. 渤海地, 有五京十五府六十二州. 以肅愼故地, 爲上京, 曰龍泉府. 領龍湖渤三州. 其南, 爲中京, 曰顯德府. 領盧顯鐵湯榮興六州. 濊貊故地, 爲東京, 曰龍原府, 亦曰柵城府. 領慶鹽穆賀四州. 沃沮故地, 爲南京, 曰南海府. 領沃晴椒三州. 高麗故地, 爲西京, 曰鴨淥府. 領神桓豊正四州. 曰長嶺府, 領瑕河二州. 扶餘故地, 爲扶餘府, 常屯勁兵, 捍契丹. 領扶仙二州. 鄚頡府, 領鄚高二州. 挹婁故地, 爲定理府. 領定瀋二州. 安邊府, 領安瓊二州. 率賓故地, 爲率賓府. 領華益建三州. 拂涅故地, 爲東平府. 領伊蒙沱黑比五州. 鐵利故地, 爲鐵利府. 領廣汾蒲海義歸六州. 越喜故地, 爲襃遠府. 領達越襃紀富美福邪芝九州. 安遠府, 領寧郿慕常四州. 又郢銅涑三州, 爲獨奏州. 涑州, 以其近涑沫江. 蓋所謂粟末水也. 龍原東南瀕海, 日本道也. 南海, 新羅道也. 鴨淥, 朝貢道也. 長嶺, 營州道也. 扶餘, 契丹道也.

주와 현의 연혁[4]

《요사》〈지리지〉에 따르면, 태조[5]는 동쪽으로 발해를 아우르고 성읍

---

3   원문은 '일본도日本道'다. 다른 길의 경우에도 'ㅇㅇ道'로 표기되어 있다.

거주지의 100분의 3을 얻었다.

동경요양부東京遼陽府는 본래 고조선 땅이었다.[6] 주나라 무왕이 기자箕子를 감옥에서 풀어준 뒤 조선으로 가게 했다. 그래서 거기에 책봉된 것이다.[7] 한나라 초기에는 사람이 살지 않았다. 이곳에서 위만衛滿이 왕이 되었다. 그래서 비어 있는 땅이라 불렸다. 무제 때인 원봉 3년[8]에 조선을 평정하고 진번군眞番郡 · 임둔군臨屯郡 · 낙랑군樂浪郡 · 현토군玄菟郡 등 4군으로 만들었다. 한나라 말기에는 공손탁公孫度의 차지가 되었다.

진晋나라 때는 고구려에 함락되었다가, 나중에는 모용수慕容垂의 아들 모용보慕容寶에게 귀속되었다. 고구려왕 고안高安[9]을 평주목平州牧

---

4   발해 때의 지명이 발해 이후의 중국 왕조에서 어떻게 변했는가를 보여주는 항목이다. 발해 때의 지명을 주로 요나라 때의 지명과 비교했다.

5   요나라 태조 야율아보기를 말한다.

6   《요사》〈지리지〉및 《만주원류고滿洲源流考》권11에 나오는 문장과 똑같다.《만주원류고》는 만주 지방의 역사를 정리할 목적으로 청나라 정부가 편찬한 역사서다.

7   기자가 무왕의 책봉을 받은 적이 없다는 점은 이미 오래 전에 결론이 났다.《조선상고사》에 언급된 장유라는 학자에 의해서다.《조선상고사》〈제1편 총론〉에 이렇게 기록되어 있다. "《사기史記》에 나오는 '무왕이…… 기자를 조선에 책봉했다'는 구절의 진위 문제다. 예전에 장유라는 학자가 두 가지 근거로 이 구절의 허구성을 입증한 적이 있다. 첫째, 그는 《서경書經》〈홍범〉에 나오는 '나는 신하가 되지 않겠다'는 기자의 말을 인용하여, 기자가 남의 신하가 되지 않겠다고 맹세한 이상 무왕의 책봉을 받을 이유가 없다고 했다. 둘째, 그는 《한서漢書》에 나오는 '기자가 (무왕을) 피해 조선으로 갔다'는 구절을 인용하면서, 반고는 사마천보다 충실하고 엄격하기 때문에 반고가 《사기》에 나오는 기자책봉설을 인용하지 않은 것을 볼 때 책봉설은 사실이 아니라고 단언을 내렸다."

8   기원전 108년.

130

에 임명하고 거기에 살도록 했다.[10] 북위 태무제가 그가 사는 평양성으로 사신을 보냈다. 요나라 동경은 본래 이곳이었다. 당나라 고종이 고구려를 평정한 다음, 이곳에 안동도호부를 두었다.

나중에는 발해 대씨에 의해 소유되었다. 당나라 중종은 도읍한 곳을 하사하면서 홀한주라 부르고 발해군왕으로 책봉했다. 홀한주는 옛 평양성이며 중경현덕부라 불렸다. 요나라 태조가 나라를 세우고 발해를 공격해 홀한성을 빼앗았다. 그리고 그 왕 대인선을 사로잡고 동단왕국을 세운 뒤, 자기 태자를 인황왕으로 삼아 그곳을 다스리고자 했다.

패수泪水가 있으니, 이를 니하泥河라고도 했다. 또는 한우락수靬芋濼水라고도 했다. 한우초가 많이 자라는 곳이다.[11]

요양현遼陽縣은 본래 발해국 금덕현金德縣 땅이다. 한나라 때 패수현泪水縣이었던 것을 고구려가 구려현句麗縣으로 바꾸고 발해가 상락현常樂縣으로 만들었다.

선향현仙鄕縣은 본래 한나라 요대현遼隊縣이었다. 발해가 영풍현永豊縣으로 만들었다. 《신선전神仙傳》에서는 "신선 백중리白仲理는 신단神丹을 만든 뒤 황금에 붙여서 백성을 구제할 수 있었다"고 했다.

---

9 광개토태왕을 가리킨다.
10 광개토태왕이 중국으로부터 형식적인 책봉을 받은 사실을 중국 관점에서 설명하고 있다.
11 다음에 이어지는 내용인 요양현에서 흥요현까지의 설명은 1권본에 없다. 《요사》 〈지리지〉에 나오는 내용이다.

학야현鶴野縣은 본래 한나라 거취현居就縣이었다. 발해가 계산현雞山縣으로 만들었다. 옛날 정령위丁令威[12]의 집이 이곳이었다. 집 떠난 지 천년 만에 학이 되어 돌아와서 돌기둥에 살았다. 부리로 돌기둥에 "새여! 새여! 정령위가 집 떠난 지 천년 만에 이제야 돌아왔네. 성곽은 그대로라도 사람들은 그렇지 않구나. 어째서 신선술을 배우지 않아, 무덤이 첩첩이 있도록 하는가!"라고 썼다.

석목현析木縣은 본래 한나라 망평현望平縣이었다. 발해가 화산현花山縣으로 바꾸었다.

자몽현紫蒙縣은 본래 한나라 누방현鏤方縣 땅이었다. 나중에 불열국拂涅國이 동평부를 두고 몽주蒙州[13]와 자몽현을 다스리도록 했다. 나중에 요성遼城으로 옮겨지면서 황령현黃嶺縣에 편입되었다. 발해가 다시 자몽현을 설치했다.

흥요현興遼縣은 본래 한나라 평곽현平郭縣 땅이었다. 발해가 장녕현長寧縣으로 고쳤다. 당나라 원화 시기[14]에 발해왕 대인수[15]가 남쪽으로 신라를 평정하고 북쪽으로 여러 부족을 공략히여 군과 읍을 설치했다. 이로 인해 지금의 이름이 정해졌다.

개주진국군開州鎭國軍[16]은 본래 예맥 땅이었다. 고구려가 경주慶州로,

---

12 한나라 때 요동 지방에 살았다는 수행자.
13 자몽현을 관할한 주.
14 806~820년.
15 발해 선왕.

발해가 동경용천부로 만들었다. 궁궐이 있었고, 경주·염주·목주·하주 등 네 개 주를 감독했다. 그 전에는 군이 여섯 개 있었다. 용원군龍原郡·영안군永安郡·오산군塢山郡[17]·벽곡군壁谷郡·웅산군熊山郡·백양군白揚郡이 그것이다. 모두 없어졌다. 돌을 쌓아 성을 만들었다. 둘레가 20리다. 당나라 설인귀薛仁貴가 고구려를 칠 때 고구려 대장 온사문溫沙門과 웅산에서 싸운 끝에 활쏘기 잘하는 사람을 그 석성에서 사로잡았다. 그곳이 바로 이곳이다. 요나라 태조가 발해를 평정하고 그쪽 백성들을 큰 부락으로 옮기면서 성이 끝내 황폐해졌다. 성종이 고려[18]를 공격하고 돌아가다가, 성터를 둘러본 다음에 새롭게 중건했다.

개원현開遠縣은 본래 책성 땅이었다. 고구려가 용원현龍原縣으로 만들고 발해가 이를 따랐다. 요나라 초기에 없어졌다. 요나라 성종이 동쪽을 공격하면서 다시 설치했다.

염주鹽州는 본래 발해 용하군龍河郡이었다. 옛 현은 네 개였다. 해양현海陽縣·접해현接海縣·격천현格川縣·용하현龍河縣이 그것이다. 하지만

---

16 원문에서는 끝 글자에 '군郡'이 표기되어 있지만 이것은 '군軍'의 오자다. 요나라의 지방행정구역에는 일반 주와 달리 군사지역의 성격을 겸비한 주군州軍 혹은 군주軍州가 있었다. 개주진국군이 그런 예다.

17 원문에는 '오산塢山'으로 표기되어 있지만《요사》〈지리지〉에는 '오산烏山'으로 표기되어 있다.

18 원문은 신라다. 고려를 공격한 요나라 성종은 982~1031년 동안 황제 자리에 있었다. 신라는 935년에 멸망했다. 성종은 고려 침공을 세 차례나 단행했다. 그의 제3차 침공을 물리친 인물이 바로 강감찬이다. 따라서 성종이 침공한 대상은 원문에 표기된 신라가 아니라 실은 고려다.《요사》〈지리지〉에도 고려로 표기되어 있다.

모두 없어졌다.

목주보화군穆州保和軍은 본래 발해 회농군會農郡이었다. 옛 현은 네 개였다. 회농현會農縣·수기현水岐縣·순화현順化縣·미현美縣이 그것이다. 모두 없어졌다.

하주賀州는 본래 발해 길리군吉利軍이었다. 옛 현은 네 개였다. 홍하현洪賀縣·송성현松誠縣·길리현吉理縣·석산현石山縣이 그것이다. 모두 없어졌다.

진주봉국군辰州奉國軍은 본래 고구려 개모성盖牟城이었다. 당나라 태종이 이세적李世勣과 함께 개모성을 격파했는데, 그곳이 바로 여기다. 발해 때는 개주盖州로 고쳤다가 다시 진주辰州로 바꿨다. 진한辰韓에서 이 이름을 땄다. 정자井字로 읍이 배열되어 있었다. 이곳은 가장 중요한 요충지였다. 요나라는 이곳 백성을 조주祖州로 옮긴 뒤 처음에는 장평군長平軍이라고 불렀다.

노주현덕군盧州玄德軍은 본래 발해 삼노군杉盧郡이었다. 옛 현은 다섯 개였다. 산양현山陽縣·삼노현杉盧縣·한양현漢陽縣·백암현白巖縣·상암현霜巖縣이 그것이다. 모두 없어졌다.

철주건무군鐵州建武軍은 본래 한나라 안시현安市縣이었다. 고구려가 안시성安市城으로 바꾸었다. 당나라 태종이 이곳을 공격했지만 함락시키지 못했다. 설인귀가 흰옷을 입고 성을 올랐다는 데가 바로 이곳이다. 발해는 이곳에 주를 설치했다. 옛 현은 네 개였다. 위성현位城縣·하단현河端縣·창산현蒼山縣·용진현龍珍縣이 그것이다. 모두 없어졌다.

흥주중흥군興州中興軍은 본래 한나라 해명현海冥縣 땅이었다. 발해가 주를 설치했다. 옛 현은 세 개였다. 성길현盛吉縣·산산현蒜山縣·철산현鐵山縣이 그것이다. 모두 없어졌다.

탕주湯州는 본래 한나라 양평현襄平縣이었다. 옛 현은 다섯 개였다. 영봉현靈峰縣·상풍현常豊縣·백석현白石縣·균곡현均谷縣·가리현嘉利縣이 그것이다. 모두 없어졌다.

숭주융안군崇州隆安軍은 본래 한나라 장잠현長岑縣 땅이었다. 발해가 주를 설치했다. 옛 현은 세 개였다. 숭산현崇山縣·위수현溈水縣·녹성현綠城縣이 그것이다. 모두 없어졌다.

해주남해군海州南海軍은 본래 옥저국沃沮國 땅이었다. 고구려가 사비성沙卑城으로 바꾸었다. 당나라 이세적이 공격한 적이 있다. 발해는 남경남해부로 바꾸었다. 돌을 쌓아 성을 만들었다. 둘레가 9리였다. 옥주沃州·정주晴州·초주椒州 등 세 개 주를 관할했다. 옛 현은 여섯 개였다. 옥저현沃沮縣·취암현鷲巖縣·용산현龍山縣·빈해현濱海縣·승평현昇平縣·영천현靈泉縣이 그것이다. 모두 없어졌다.

요주耀州는 본래 발해 초주椒州였다. 옛 현은 다섯 개였다. 초산현椒山縣·초령현貂嶺縣·시천현澌泉縣·첨산현尖山縣·암연현巖淵縣이 그것이다. 모두 없어졌다.

빈주유원군嬪州柔遠軍은 본래 발해 청주晴州였다. 옛 현은 다섯 개였다. 천청현天晴縣·신양현神陽縣·연지현蓮池縣·낭산현狼山縣·선암현仙巖縣이 그것이다. 모두 없어졌다.

녹주압록군淥州鴨淥軍은 본래 옛 고구려 성이었다. 발해가 서경압록부로 바꾸었다. 성벽은 높이가 3장丈,[19] 둘레가 21리였다. 신주·환주·풍주·정주 등 네 개 주의 사무를 관할했다. 옛 현은 세 개였다. 신녹현神鹿縣·신화현神化縣·검문현劍門縣이 그것이다. 모두 없어졌다.

환주桓州는 고구려 환도성丸都城[20]이었다. 옛 현은 세 개였다. 환도현桓都縣·신향현神鄕縣·패수현浿水縣이 그것이다. 모두 없어졌다. 고구려왕[21]이 여기에 궁궐을 세우자 국인國人들이 이곳을 신국新國이라고 불렀다. 5대손인 고쇠高釗[22]가 진晉나라[23] 강제 때인 건원 시기[24] 초반에 모용황慕容皝에게 패배하는 바람에 궁궐이 불타버렸다.

풍주豊州는 발해가 설치한 반안군盤安軍이다. 옛 현은 네 개였다. 안풍현安豊縣·발각현渤恪縣·습양현隰壤縣·협석현硤石縣이 그것이다. 모두 없어졌다.

정주正州는 본래 비류왕沸流王의 고토였다. 나라가 공손강公孫康에게

---

19 1장은 어른 키 정도의 높이다.

20 원문은 '중도성中都城'이다. 그러나 오자다.《요사》〈지리지〉에 잘못 표기된 것을 유득공이 그대로 옮긴 것이다.

21 《조선상고사》에 따르면, 환도성을 설치한 고구려 군주는 세 명이다. 태조태왕, 산상태왕, 동천태왕이다. 본문에서 말하는 고구려왕은 문맥상 동천태왕(재위 227~248)인 듯하다. 고쇠, 즉 고국원태왕이 5대손이 되려면 그럴 수밖에 없다. 동천태왕 이후의 다섯 번째 태왕은 고국원태왕이었다. 고국원태왕은 동천태왕의 5대손이다.

22 고국원태왕(재위 331~371).

23 위진남북조시대의 동진東晉(317~420)을 가리킨다.

24 343~344년.

병합되었다. 발해가 비류군沸流郡을 설치했다. 비류수沸流水가 있다.

모주慕州는 본래 발해의 안원부 땅이었다. 옛 현은 두 개였다. 모화현慕華縣·숭평현崇平縣이 그것이다. 오래 전에 폐지되었다.

현주봉선군顯州奉先軍은 본래 발해 현덕부 땅이었다. 세종[25]이 설치했다. 현릉顯陵을 받들도록 하기 위한 것이었다. 현릉은 동단국 인황왕의 무덤이다.

솔빈현率賓縣은 본래 발해 솔빈부 땅이다.

웅산현熊山縣은 본래 발해의 현이었다.

영산현靈山縣은 본래 발해 영봉현靈峯縣이었다.

사농현司農縣은 본래 발해 녹군현麓郡縣이었다. 녹파현麓波縣·운천현雲川縣 등 두 개 현을 흡수했다.

귀덕현貴德縣은 본래 양평현이었다. 발해가 숭산현崇山縣으로 바꾸었다.

봉덕현奉德縣은 본래 발해 녹성현綠城縣 땅이다.

심주소덕군瀋州昭德軍은 본래 읍루국 땅이었다. 발해가 심주瀋州를 설치했다. 옛 현은 아홉 개였지만 모두 없어졌다.

암주백암군巖州白巖軍은 본래 발해 백암성白巖城이었다.

백암현白巖縣은 발해가 설치한 것이다.

---

25 요나라 세종(재위 947~951).

집주회중군集州褱衆軍은 옛날 비리군陴離郡 땅이다. 한나라 때는 험독현險瀆縣이었다. 고구려는 상암현霜巖縣으로 바꾸었다. 발해가 주를 설치했다.

봉집현奉集縣은 발해 때 설치되었다.

광주廣州는 방어사防禦使[26]가 있는 곳이었다. 한나라 때는 양평현에 속하고 고구려 때는 당산현當山縣이 되고 발해 때는 철리군鐵利郡이 되었다.

요주시평군遼州始平軍은 본래 불열국의 도성이었다. 발해가 동평부로 바꾸었다. 당나라 태종이 고구려를 직접 공격할 때, 이세적이 요성遼城을 점령했다. 고종이 정명진程名振과 소정방蘇定方에게 고구려를 치라고 명령하자 이들은 신성新城에 이르러 이를 대파했다. 이런 일이 바로 이 땅에서 일어났다. 태조[27]가 발해를 칠 때 먼저 동평부를 함락하고 백성들을 이곳으로 옮겼다. 옛날에 동평부는 이주·몽주·타주·흑주·비주 등 다섯 개 주를 관할했다. 그것이 거느리는 현이 열여덟 개였지만 모두 없어졌다. 태조가 주군州軍으로 바꾸면서 동병군東平軍으로 명명했다. 태종[28]이 다시 시평군始平軍으로 바꾸었다. 요하遼河·양장하羊腸河·추자하錐子河·타산蛇山·낭산狼山·흑산黑山·건자산巾子

---

26 요나라의 주를 관할한 장관의 명칭은 일률적이지 않다. 절도사·관찰사·방어사·자사 같은 명칭이 있었다.

27 요나라 태조를 말한다.

28 요나라 태종을 말한다.

山이 있었다.

기주우성군祺州祐聖軍은 본래 발해 몽주蒙州 땅이었다.

수주遂州는 본래 발해 미주美州 땅이다.

산하현山河縣은 본래 발해의 현이었다. 흑천현黑川縣·녹천현麓川縣 등 두 개 현을 통합해서 이것을 설치했다.

통주안원군通州安遠軍은 본래 부여국 왕성이었다. 발해 때는 부여성이라고 불렀다. 태조가 용주龍州로 고치고, 태종은 지금의 명칭으로 바꾸었다.

통원현通遠縣은 본래 발해 부여현扶餘縣이었다. 포다현布多縣을 통합해서 이를 설치했다.

안원현安遠縣은 본래 발해 현의현顯義縣이었다. 작천현鵲川縣을 통합해서 이를 설치했다.

귀인현歸仁縣은 본래 발해 강수현强師縣이었다. 신안현新安縣을 통합해서 이를 설치했다.

어곡현漁谷縣은 본래 발해의 현이었다.

한주동평군韓州東平軍[29]은 본래 고리국藁離國의 옛 치소治所[30]인 유하현柳河縣이었다. 고구려는 막힐부를 설치하고 막주鄚州·힐주頡州 등 두 개 주를 관할하도록 했다. 발해는 이대로 따랐다. 지금은 존재하지 않는다.

---

29 원문에는 '군軍'이 '군郡'으로 잘못 표기되어 있다.

30 행정 중심지.

유하현은 본래 발해의 월희현越喜縣 땅이었다. 만안현萬安縣과 합쳐서 이를 설치했다.

쌍주보안군雙州保安軍은 본래 읍루의 고토였다. 발해 때 안정군安定郡을 설치했다.

쌍성현雙城縣은 본래 발해 안이현安夷縣 땅이었다.

은주부국군銀州富國軍은 본래 발해의 부주富州였다.

연진현延津縣은 본래 발해 부수현富壽縣이었다. 옛 연진성延津城이 있어서 이렇게 이름을 바꾼 것이다.

신흥현新興縣은 본래 옛 월희국越喜國 땅이었다. 발해 때, 은銀 제련장이 있었다. 예전에 은주銀州가 있었다.

영평현永平縣은 본래 발해의 우부현優富縣 땅이었다. 옛날에는 영평채永平寨[31]가 있었다.

상주진원군尙州鎭遠軍[32]은 본래 한나라 양평현 땅이었다. 발해 때 동평채東平寨를 만들었다.

함주안동군咸州安東軍[33]은 본래 고구려 동산현銅山縣 땅이었다. 발해 때 설치되었다.

신주창성군信州彰聖軍은 본래 옛 월희국의 성이었다. 발해 때 회원

---

31 '채寨'는 울타리를 치고 군대를 주둔시킨 기지를 말한다.
32 유득공은 '상주진원군'이라고 표기했지만 유득공이 참조한 것으로 보이는 《요사》〈지리지〉에는 '동주진원군同州鎭遠軍'으로 표기되어 있다.
33 원문에는 '군軍'이 '군郡'으로 잘못 표기되어 있다.

부襄遠府를 설치했지만 지금은 존재하지 않는다. 성종은 이 땅 근처에 고려가 있다고 해서 개태 초년[34]에 주를 설치했다.

무창현武昌縣은 본래 발해 회복현襄福縣 땅이었다.

정무현定武縣은 본래 표산현豹山縣 땅이었다. 유수현乳水縣의 민가들을 불러들여 이를 설치했다.

빈주회화군賓州襄化軍은 본래 발해의 성이었다. 통화 17년,[35] 올야국兀惹國의 가구들을 여기로 옮겼다. 그리고 자사를 압자하鴨子河와 혼동하混同河의 두 강 사이에 배치했다. 나중에 승격시켰다.[36] 군사 사무는 황룡부의 도부서사都部署事에 예속시켰다.

용주황룡부龍州黃龍府는 본래 발해 부여부였다. 태조가 발해를 평정하고 이곳에 와서 붕어했다. 황룡이 나타났다고 해서 이렇게 개칭했다.

황룡현黃龍縣은 본래 발해 장평현長平縣이었다. 부리현富利縣·좌모현佐慕縣[37]·숙신현肅愼縣을 합쳐서 설치했다.

천민현遷民縣은 본래 발해 영녕현永寧縣이었다. 풍수현豊水縣과 부라

---

34 1012년.
35 999년.
36 파견 관리를 자사에서 절도사로 승격시켰다는 뜻이다. 설치 당시인 999년에는 자사가 이곳의 장관이었다. 《요사》〈야율화상 열전〉에 따르면, 적어도 1046년 이전에 이곳이 빈주회화군이 되면서 절도사가 관리로 파견되기 시작했다.
37 유득공은 '좌막佐幕'으로 표기했지만 《요사》〈지리지〉에는 '좌모佐慕'로 표기되어 있다.

현扶羅縣을 합쳐 설치했다.

영평현永平縣은 발해 때 설치되었다.

호주흥리군湖州興利軍은 발해 때 설치되었다.

발주청화군渤州淸化軍은 발해 때 설치되었다.

영주창성군郢州彰聖軍은 발해 때 설치되었다.

동주광리군銅州廣利軍은 발해 때 설치되었다.

석목현析木縣은 본래 한나라 망평현望平縣 땅이었다. 발해 때 화산현花山縣이 되었다.

속주涑州는 발해 때 설치되었다.

솔빈부는 옛 솔빈국 땅이다.

정리부는 옛 읍루국 땅이다.

철리부는 옛 철리국 땅이다.

안정부安定府 · 장령부長嶺府 · 녹주麓州는 발해 때 설치되었다.

▌州縣沿革: 遼志, 曰. 太祖, 東倂渤海, 得城邑之居, 百有三.

東京遼陽府, 本朝鮮之地. 周武王, 釋箕子, 因去之朝鮮. 因以封之. 漢初, 無人. 衛滿, 王. 故空地. 武帝元封三季, 定朝鮮, 爲眞番臨屯樂浪玄菟四郡. 漢末, 爲公孫度所據. 晋, 陷高麗, 後, 歸慕容垂子寶. 以高麗王安, 爲平州牧, 居之. 元魏太武, 遣使, 至其所居平壤城. 遼東京, 本此. 唐高宗, 平高麗, 於此, 置安東都護府. 後, 爲渤海大氏所有. 中宗, 賜所都, 曰忽汗州, 封渤海郡王. 忽汗州, 卽故平壤城也, 号中京顯德府. 太祖, 建國, 攻渤海, 拔忽汗城. 俘其王

142

大諲譔, 以爲東丹王國, 立太子, 圖欲爲人皇王, 以主之.

有浿水, 亦曰泥河. 又曰軒芋濼水. 多軒芋之艸.

遼陽縣, 本渤海國金德縣地. 漢浿水縣, 高麗, 改爲句麗縣, 渤海, 爲常樂縣.

仙鄉縣, 本漢遼隊縣. 渤海, 爲永豊縣. 神仙傳, 云. 仙人白仲理, 能煉神丹, 點黃金, 以救百姓.

鶴野縣, 本漢居就縣地. 渤海, 爲雞山縣. 昔, 丁令威家, 此. 去家, 千季, 化鶴, 來歸, 集於華表柱. 以咮, 畫表, 云. 有鳥, 有鳥, 丁令威, 去家, 千季, 今來歸. 城郭, 雖是, 人民, 非. 何不學仙, 冢纍纍.

析木縣, 本漢望平縣地. 渤海, 爲花山縣.

紫蒙縣, 本漢鏤方縣地. 後, 拂涅國, 置東平府, 領蒙州紫蒙縣. 後, 徙遼城, 並入黃嶺縣. 渤海, 復爲紫蒙縣.

興遼縣, 本漢平郭縣地. 渤海, 改爲長寧縣. 唐元和中, 渤海王大仁秀, 南定新羅, 北略諸部, 開置郡邑. 遂定今名.

開州鎭國郡, 本濊貊地. 高麗, 爲慶州, 渤海, 爲東京龍原府. 有宮殿, 都督慶鹽牧賀四州事. 故郡, 六. 曰龍原永安烏山壁谷熊山白揚. 皆廢. 疊石, 爲城. 周圍二十里. 唐薛仁貴, 征高麗, 与其大將溫沙門, 戰熊山, 擒善射者於石城. 卽此. 太祖, 平渤海, 徙其民于大部落, 城, 遂廢. 聖宗, 伐新羅, 還, 周覽城基, 復加完葺.

開遠縣, 本柵城地. 高麗, 爲龍原縣, 渤海, 因之. 遼初, 廢. 聖宗, 東討, 復置.

鹽州, 本渤海龍河郡. 故縣, 四. 海陽, 接海, 格川, 龍河. 皆廢.

穆州保和軍, 本渤海會農郡. 故縣, 四. 會農, 水岐, 順化, 美縣. 皆廢.

賀州, 本渤海吉利軍. 故縣, 四. 洪賀, 松誠, 吉理, 石山. 皆廢.

辰州奉國軍, 本高麗盖牟城. 唐太宗, 會李世勣, 攻破盖牟城. 卽此. 渤海, 改爲盖州, 又改辰州. 以辰韓, 得名. 井邑駢列. 最爲衝會. 遼, 徙其民於祖州, 初, 曰長平軍.

盧州玄德軍, 本渤海杉盧郡. 故縣, 五. 山陽, 杉盧, 漢陽, 白巖, 霜巖, 皆廢.

鐵州建武軍, 本漢安市縣. 高麗, 爲安市城. 唐太宗, 攻之, 不下. 薛仁貴, 白衣, 登城, 卽此. 渤海, 置州. 故縣, 四. 位城, 河端, 蒼山, 龍珍, 皆廢.

興州中興軍, 本漢海冥縣地. 渤海, 置州. 故縣, 三. 盛吉, 蒜山, 鐵山, 皆廢.

湯州, 本漢襄平縣地. 故縣, 五. 靈峰, 常豊, 白石, 均谷, 嘉利. 皆廢.

崇州隆安軍, 本漢長岑縣地. 渤海, 置州. 故縣, 三. 崇山, 潙水, 綠城, 皆廢.

海州南海軍, 本沃沮國地. 高麗, 爲沙卑城. 唐李世勣, 嘗攻焉. 渤海, 号南京南海府. 疊石, 爲城. 幅員, 九里. 都督沃睛椒三州. 故縣, 六. 沃沮, 鷲巖, 龍山, 濱海, 昇平, 靈泉, 皆廢.

耀州, 本渤海椒州. 故縣, 五. 椒山, 貂嶺, 澌泉, 尖山, 巖淵, 皆廢.

嬪州柔遠軍, 本渤海晴州. 故縣, 五. 天晴, 神陽, 蓮池, 狼山, 仙巖,皆廢.

淥州鴨淥軍, 本高麗故國. 渤海, 号西京鴨淥府, 城, 高三丈, 廣輪二十里. 都督神桓豊正四州事. 故縣, 三. 神鹿, 神化, 劍門, 皆廢.

桓州, 高麗中都城. 故縣, 三. 桓都, 神鄉, 淇水, 皆廢. 高麗王, 於此, 刱立宮闕, 國人, 謂之新國. 五世孫釗, 晉康帝建元初, 爲慕容皝, 所敗, 宮室, 焚蕩.

豊州, 渤海置盤安軍. 故縣, 四. 安豊, 渤恪, 隰壤, 硤石. 皆廢.

正州, 本沸流王故地. 國, 爲公孫康, 所幷. 渤海, 置沸流郡. 有沸流水.

慕州, 本渤海安遠府地. 故縣, 二. 慕華, 崇平, 久廢.

顯州奉先軍, 本渤海顯德府地. 世宗, 置. 以奉顯陵. 顯陵者, 東丹人皇王墓也.

率賓縣, 本渤海率賓府地.

熊山縣, 本渤海縣地.

靈山縣, 本渤海靈峯縣地.

司農縣, 本渤海麓郡縣. 並麓波雲川二縣, 入焉.

貴德縣, 本襄平縣. 渤海, 爲崇山縣.

奉德縣, 本渤海綠城縣地.

瀋州昭德軍, 本挹婁國地. 渤海, 建瀋州. 故縣, 九, 皆廢.

巖州白巖軍, 本渤海白巖城.

白巖縣, 渤海, 置.

集州褱衆軍, 古陴離郡地. 漢, 屬險瀆縣. 高麗, 爲霜巖縣. 渤海, 置州.

奉集縣, 渤海, 置.

廣州, 防禦. 漢, 屬襄平縣, 高麗, 爲當山縣, 渤海, 爲鐵利郡.

遼州始平軍, 本拂涅國城. 渤海, 爲東平府. 唐太宗, 親征高麗, 李世勣, 拔遼城. 高宗, 詔程名振, 蘇定方, 討高麗, 至新城, 大破之. 皆, 此地也. 太祖, 伐渤海, 先破東平府, 遷民, 實之. 故東平府, 領伊蒙陀黑比五州. 其領縣, 十八, 皆廢. 太祖, 改爲州軍, 曰東平. 太宗, 更爲始平軍. 有遼河, 羊腸河, 錐子河, 蛇山, 狼山, 黑山, 巾子山.

祺州祐聖軍, 本渤海蒙州地.

遂州, 本渤海美州也.

山河縣, 本渤海縣. 倂黑川麓川二縣, 置.

通州安遠軍, 本扶餘國王城. 渤海, 号扶餘城. 太祖, 改龍州, 太宗, 更今名.

通遠縣, 本渤海扶餘縣. 倂布多縣, 置.

安遠縣, 本渤海顯義縣. 倂鵲川縣, 置,

歸仁縣, 本渤海强師縣. 倂新安縣, 置.

漁谷縣, 本渤海縣.

韓州東平郡, 本槀離國舊治柳河縣. 高麗, 置鄚頡府, 都督鄚頡二州. 渤海, 因之. 今廢.

146

柳河縣, 本渤海越喜縣地. 倂萬安縣, 置.

雙州保安軍, 本挹婁故地. 渤海, 置安定郡.

雙城縣, 本渤海安夷縣地.

銀州富國軍, 本渤海富州.

延津縣, 本渤海富壽縣. 有延津故城, 更名.

新興縣, 本故越喜國地. 渤海, 置銀冶. 嘗置銀州.

永平縣, 本渤海優富縣地. 舊, 有永平寨.

尙州鎭遠軍, 本漢襄平縣地. 渤海, 爲東平寨.

咸州安東郡, 本高麗銅山縣地. 渤海, 置.

信州彰聖軍, 本越喜故城. 渤海, 置襄遠府, 今廢. 聖宗, 以地, 隣高麗, 開泰初, 置州.

武昌縣, 本渤海襄福縣地.

定武縣, 本渤海豹山縣地. 倂乳水縣人戶, 置.

賓州襄化軍, 本渤海城. 統和十七季, 遷兀惹戶. 置刺史, 于鴨子混同, 二水之間. 後, 升. 兵事, 隷黃龍府都部署事.

龍州黃龍府, 本渤海扶餘府. 太祖, 平渤海, 還至此, 崩. 有黃龍見, 更名.

黃龍縣, 本渤海長平縣. 倂富利, 佐慕, 肅愼, 置.

遷民縣, 本渤海永寧縣. 倂豐水, 扶羅, 置.

永平縣, 渤海, 置.

湖州興利軍, 渤海, 置.

渤州淸化軍, 渤海, 置.

郢州彰聖軍, 渤海, 置.

銅州廣利軍, 渤海, 置.

析木縣, 本漢望平縣地. 渤海, 爲花山縣.

涑州, 渤海, 置.

率賓府, 故率賓國地.

定理府, 故挹婁國地.

鐵利府, 故鐵利國地.

安定府, 長嶺府, 麓州, 渤海, 置.

산천의 역대 명칭

태백산은 지금의 장백산長白山이다. 길림오라성吉林烏喇城[38] 동남쪽에서 1,000리 떨어진 곳에 있다. 백산白山이라고도 부른다. 우리나라는 백두산이라고 부르고 만주인들은 가이민적견아인산哥爾民商堅阿隣山이라고 부른다. 또《산해경山海經》[39]에서는 "대황大荒 가운데 산이 있으니 불함不咸이라고 부른다. 숙신의 나라가 있다"라고 했다.《위서魏書》

---

38 지금의 중국 지린 시.

39 원문을 보면 알 수 있겠지만《산해경》의 '산山'은 앞 문장의 끝부분인 '가이민적견아인산哥爾民商堅阿隣山'의 일부일 수도 있다. 그렇다고 해도《산해경》으로 번역하는 데는 문제가 없다.《산해경》은 앞부분인 산경山經과 뒷부분인 해경海經으로 구성되어 있다. 그러므로 해경이라고만 해도《산해경》의 뒷부분이 연상될 수 있다.

에서는 물길국勿吉國 남쪽에 도태산徒太山이 있다고 했다. 이것들 모두 이 산을 가리킨다. 산꼭대기에 못이 있다. 둘레가 80리이며, 못의 깊이는 가늠할 수 없다. 북쪽으로 흘러 혼동강混同江이 되고 서남쪽으로 흘러 압록강鴨淥江이 되며 동남쪽으로 흘러 토문강土門江이 된다.

동모산東牟山은 지금의 천주산天柱山이다. 봉천부성奉天府城에서 동쪽으로 20리다.

천문령天門嶺은 《대명일통지大明一統志》에 따르면 영길주永吉州 경내에 있다.

조어대釣魚臺는 요양성 남쪽에서 30리에 있다. 발해의 대씨들이 유람한 곳이라고 한다.

속말강은 지금의 혼동강이다. 길림오라성의 동남쪽에 근원이 있다. 장백산을 나와 북쪽으로 흐르다가 낙니강諾尼江 및 흑룡강과 합류한 뒤 동쪽으로 흘러 바다로 들어간다. 대체로 3,500여 리를 흐른다. 《당서》에서 속말말갈족이 속말수에 의존해 살고 있다고 말한 것은 바로 이곳을 두고 하는 말이다. 《요사》에 따르면, 성종 때인 태평 4년[40]에 조서를 내려 압자하를 혼동하로 바꿨다. 《성경통지盛京通志》에서는 혼동강이 송아리강松阿里江이라고 했다. 일명 압자하라고도 하고, 일명 속말강이라고도 하며, 일명 송와강宋瓦江이라고 하고, 일명 송화강

---

40 1024년.

松花江이라고도 한다.

홀한하忽汗河는 지금의 호이합하虎爾哈河다. 영고탑성寧古塔城 동남쪽에서 기원해서 길림오라성의 경계를 나간다. 늑복진하勒福陳河라고도 한다. 북쪽으로 흐르다가 동쪽으로 꺾여 여러 강들과 만난 뒤, 다시 동북쪽으로 돌아 필이등호必爾騰湖와 만나며 옛 회령성 북쪽을 지나서 흘러간다. 90리를 흐르다가 영고탑성 남쪽을 돈 뒤, 다시 북쪽으로 꺾여 700여 리를 흐르다 혼동강으로 들어간다. 당나라 때는 이를 홀한하라고 불렀다. 발해 대씨가 홀한주를 설치했다. 금나라 때는 금수金水라고 이름을 지었다. 안출호수按出虎水라고도 불렀다. 민간에서는 금을 안출호라고 불렀다. 물이 여기서 시작된다 해서 금원金源이라고 불렀다. 이곳에서 나라를 세웠다고 해서 금나라라고 부른 것이다.[41] 명나라 때는 이곳을 홀아해하忽兒海河라고 불렀다.

압록강은 옛날에는 마자수馬訾水였다. 길림오라성 남쪽 977리에서 시작한다. 장백산을 나와 서남쪽으로 흐르다가, 봉황성鳳皇城 동남쪽에 와서 바다로 흘러간다. 《한서》〈지리지〉 현토군 편에서는 서개마현西盖馬縣에 관해 설명하면서, 마자수는 서북쪽으로 염난수鹽難水에 들어갔다가 서남향으로 서안평西安平에 도달해 바다로 들어가는 과정

---

41 《만주원류고》에서는 신라인인 김함보가 말갈족을 여진족으로 개편하고 이 여진족이 금나라를 세웠기 때문에 국호가 금나라가 되었을 수도 있다고 추정했다. 김씨에서 금나라라는 국호가 나왔을 수 있다는 것이다.

에서 군郡 두 개를 지나고 2,100리를 흐른다고 말했다. 《통전通典》에 따르면, 마자수는 일명 압록강이다. 근원이 말갈백산靺鞨白山에 있으며 물 색깔이 오리 머리 같다고 해서 그렇게 이름을 지었다고 한다. 요동 500리를 지나고 국내성 남쪽을 통과해 서쪽으로 흐르다가 강 하나와 만난다. 이것이 염난수다. 《성경통지》에 따르면, 일명 익주강益州江 혹은 호애강呼靉江이다.

흑수黑水는 지금의 흑룡강이다. 흑룡강성黑龍江城 동쪽에 있다. 이름이 완수完水라고도 하고 실건하室建河라고도 하고 알난하斡難河라고도 한다. 객이객喀爾喀 북쪽 경계인 긍특산肯特山에서 시작한다. 현지인들은 오눈하敖嫩河라고 부른다. 여러 개의 작은 강들과 합류해서 동북쪽으로 흐르다가 니포초성尼布楚城[42] 남쪽을 지나서 내지로 들어간다. 그런 다음, 아극살성雅克薩城 남쪽에 도달하고 뒤이어 동남쪽으로 꺾여 흑룡강성을 돈다. 다시 동남쪽으로 흐르다가 우만하牛滿河를 만난다. 여기서 동쪽으로 흘러 혼동강과 만난다. 흑수라는 이름은 남북조시대 역사[43]에서 처음 나온다. 흑룡강이라는 이름은 《금사金史》에 나타

---

42 네르친스크.

43 원문은 '남북사南北史'다. 이것은 《남사南史》와 《북사北史》'로 해석될 수도 있다. 하지만 이렇게 번역하면 실제 사실과 맞지 않게 된다. 《남사》에는 흑수라는 단어가 나오지 않기 때문이다. 흑수라는 명칭은, 남조 왕조인 송나라를 다룬 《송서宋書》나 북조 전체의 역사를 다룬 《북사》 등에 처음 나온다. 그러므로 실제 사실과 부합하는 쪽으로 번역하려면 '남북조시대 역사'로 바꾸는 게 타당하다고 생각한다.

난다.

오루하奥婁河는 《성경통지》에 따르면 승덕현承德縣 오루, 즉 읍루에
있다.

니하泥河는 《문헌비고》에 따르면 덕원부德源府에 있어야 한다.

▎山川古今名: 太白山, 今長白山也. 在吉林烏喇城東南, 橫亘千里.
亦名白山. 我國, 謂之白頭山, 滿洲人, 謂之歌爾民商堅阿隣. 山海
經. 大荒之中, 有山, 名曰不咸. 有肅愼之國. 魏書. 勿吉國南, 有徒
太山. 皆, 是山也. 山巓, 有潭. 周八十里, 淵深, 莫測. 北流, 爲混同
江, 西南流, 爲鴨淥江, 東南流, 爲土門江.

東牟山, 今天柱山也. 在奉天府城, 東二十里.

天門嶺, 大明一統志, 云. 當在永吉州界內.

釣魚臺, 在遼陽城南三十里. 相傳. 渤海大氏, 遊觀之所.

粟末江, 今混同江也. 在吉林烏喇城東南, 源. 出長白山, 北流, 會
諾尼黑龍等江, 東注, 入海. 凡, 行三千五百餘里. 唐書. 粟末鞨,
依粟末水, 以居者, 是也. 遼史. 聖宗太平四季, 詔, 改鴨子河, 曰混
同江. 盛京通志. 混同江, 卽松阿里江也. 一名鴨子河, 一名粟末江,
一名宋瓦江, 一名松花江.

忽汗河, 今虎爾哈河也. 在寧古塔城東南, 源. 出吉林烏喇界. 曰勒
福陳河. 北流, 折東, 會諸水, 又折東北, 會必爾騰湖, 流經古會寧
城北. 又九十里, 繞寧古塔城南, 復折, 而北流七百餘里, 入混同江.
唐時, 謂之忽汗河. 渤海大氏, 置忽汗州. 金時, 名金水. 亦名按出

虎水. 俗, 謂金, 爲按出虎. 以水源, 於此, 謂之金源. 因建國, 号曰金. 明時, 又謂之忽兒海河.

鴨淥江, 古馬訾水也. 在吉林烏喇城南九百七十七里, 源. 出長白山, 西南流, 至鳳皇城東南, 入海. 漢書地理志玄菟郡西盖馬縣. 馬訾水, 西北, 入鹽難水, 西南, 至西安平, 入海, 過郡二, 行二千一百里. 通典. 馬訾水, 一名鴨淥江. 源, 出靺鞨白山, 水色, 似鴨頭, 故名. 去遼東五百里, 經國內城南, 又西, 与一水, 合. 卽鹽難水也. 盛京通志. 一名益州江, 或呼靉江.

黑水, 今黑龍江也. 在黑龍江城東. 亦名完水., 又名室建河, 又名斡難河. 源, 出喀爾喀北界肯特山. 土人, 謂之敖嫩河. 會諸小水, 東北流, 經尼布楚城南, 入內地. 流, 至雅克薩城南, 折, 而東南流, 繞黑龍江城. 又東南流, 受牛滿河. 又東流, 与混同江, 會. 黑水之名, 始於南北史. 黑龍江之名, 見金史.

奧婁河, 盛京通志, 云. 在承德縣奧婁卽把婁.

泥河, 文獻備考, 云. 當在德源府.

15부에 관한 고증

상경용천부上京龍泉府는 《당서》에 따르면 옛 숙신 땅이었다. 가탐賈耽은 이렇게 말했다.

"안동도호부에서 옛 개모성과 신성을 지나고 발해 장령부를 거쳐서 1,500리를 가면 발해 왕성에 도달한다. 이 성은 홀한해忽汗海에 닿아 있다. 서남쪽 30리에 옛 숙신의 성이 있다. 북쪽에서 덕리진을 거쳐 남쪽으로 흑수말갈에 도달하려면 1,000리가 된다."

그는 또 "신주神州에서 육로로 400리를 가면 현주顯州에 이르고 정북방에서 동쪽으로 600리를 가면 발해 왕성에 도달한다"라고 말했다.《대명일통지》에서는 금나라가 요나라를 멸망시킨 뒤 발해 상경에 도읍을 설치했다고 말했다.《대청일통지大淸─統志》에서는 "《통지通志》에 따르면 발해 상경은 오라성 경내에 있으며,《당서》에 의거해 고증할 것 같으면 영고탑의 서남 경계 안에 있어야 한다"라고 말했다.

생각해보면, 홀한해라는 것은 지금의 호이합다. 금나라가 요나라를 멸한 뒤 발해 상경에 도읍을 설치했다는 것은 회령부를 두고 하는 말이다.《호정록扈征錄》에서는 사림沙林 동남쪽 15리가 화용성火茸城이며 금나라의 상경회령부上京會寧府라고 말했다. 세 전각[44]의 터는 모두 쇄벽와기포기碎碧瓦棋布其에 있다. 성 서쪽은 기하미저菱荷彌渚·위이면묘逶迤綿渺·막궁기제莫窮其際이며, 강 사이에 누각 유적이 있다. 사림에서 동쪽으로 80리를 가면 영고탑이다. 그러므로 《대청일통지》[45]에서 말하는 발해 상경이 영고탑 서남쪽 경계에 있었다는 게 명확해진다. 대체로 길림오라성 영고탑 지역은 동북 내륙의 산천과 도로의 중심지다. 그 연혁에 대해서는 가탐이 말한 바 있다. 청나라가 흥성한

---

44 발해 궁전의 세 전각.
45 원문은 '청통지淸統志'이지만 이것은 '대청일통지大淸─統志'의 줄임말이다.

이후에 관해서는 설명이 특별히 상세하다.[46]

중경현덕부中京顯德府는 《당서》에서 말하는 옛 숙신 땅이다. 《요사》 〈지리지〉에서는 동경요양부가 본래 고조선 땅이었다고 말했다. 진晉나라 때는 고구려에 함락되었다. 북위 태무제[47]는 그 거점인 평양성으로 사신을 보냈다. 당나라 고종은 이곳에 안동도호부를 설치했다. 나중에는 발해 대씨가 차지했다. 중종[48]은 도읍지에 홀한주忽汗州라는 이름을 내렸다. 이곳이 바로 평양성이니 중경현덕부로 불렸던 곳이다. 《대청일통지》에서는 옛 현덕부가 길림오라성 동남쪽에 있었다고 말했다. 또 옛 요양성은 지금의 요양주 치소라고 말했다. 아마도 당나라 중엽에 안동도호부가 폐지된 뒤 발해가 이곳에 성을 설치한 일을 두고 요양의 역사役事[49]라고 한 것 같다. 이것은 사실일 수 있다.

그러나 《요사》 〈본기〉[50]를 살펴보면, 태조는 3년[51]에 요동遼東을 순행하고 신책 3년[52]에 옛 요양성을 순행하며 4년에 동평군을 세웠다. 천현 1년[53]에 비로소 발해 부여성을 깨뜨리고 홀한성을 포위한 뒤 대

---

46 《대청일통지》의 설명이 상세하다는 말인 것 같다.
47 북위 황제인 세조를 가리킨다. 408~452년까지 재위했다. 태무제의 태무는 시호다.
48 당나라 중종(재위 684~710).
49 "요양의 역사"에 대한 원문은 요양사遼陽事다.
50 〈야율아보기 본기〉를 가리킨다.
51 909년.
52 918년.
53 926년.

인선을 항복시켰다. 그런 뒤에 동단국을 세웠다. 태종 3년[54]에는 동단국 백성들을 동평군으로 옮겼다. 이때는 발해가 평정되기 이전이었다. 요양 땅은 일찍이 거란에 들어갔다. 당시 이름은 요동이었다. 뒤에 요양으로 이름을 회복했다. 요나라 때 명명한 것은 발해 때의 사정을 감안한 결과는 아닌 듯하다. 《요사》〈지리지〉는 지리를 살피지 않은 탓에 동경을 평양성이라고도 하고 홀한주라고도 하고 중경현덕부라고도 했다. 거리가 각기 1,000리나 떨어진 지역들이 이로 인해 하나로 합쳐지는 오류가 생겨났다.

생각해보면, 《당서》〈지리지〉에서는 발해 신주神州에서 육로로 400리를 가면 현주顯州에 도착한다고 했다. 천보 시기에 왕이 도읍했던 신주가 지금은 강계부江界府 동쪽의 폐사군廢四郡 경계인 현주, 즉 현덕부 치소에 속해 있다. 《대청일통지》에서 현덕부가 길림오라성 동남쪽에 있다고 한 것은 고증에 근거한 것이다. 《요사》〈지리지〉의 오류는 매우 많다.

동경용원부東京龍原府는 《당서》에 따르면 옛 예맥 땅이다. 《요사》〈지리지〉에서는 개주진국군開州鎭國軍이 본래 예맥 땅이며, 고구려 때 경주慶州가 되고 발해 때 동경용원부가 되었다고 말했다. 《대청일통지》에서는 개주성開州城이 조선 함흥부咸興府 서북에 있으니 본래 예맥

---

54 928년.

땅이며, 고구려 때 경주가 되고 발해 때 동경용원부가 되었다고 말했다. 또 봉황성은 발해의 용원부이며 요나라 개주진국군이라고 말했다. 또 옛 개주성은 봉황성 동남쪽에 있으며, 명나라 성화 시기[55]에 조선 사신이 돌아가다가 약탈을 당하자 봉황산 아래서 상소문을 올려 기존 길의 남쪽에 조공길을 열어달라 요청했다고 한다. 이로 인해 이 성을 쌓았다고 한다. 또 봉황성은 실제로는 조선 동쪽에 있었다고 말했다.

생각해보면,《요사》〈지리지〉에서 개주가 실제로 지금의 봉황성에 있었고 발해의 용원부로 불렸다고 말한 것은 잘못된 이야기다.《대청일통지》에서는《요사》〈지리지〉의 오류를 바로잡지 못한 채 이를 함흥부라고도 하고 봉황성이라고도 했으니, 이는 여기저기서 갖다 붙인 결과다. 또 조공길을 개설한 사실을 끌어다가 봉황성이 조선 동쪽에 있었다고 말하고 예맥 고토를 운운한 것은 더욱더 잘못된 일이다.

《당서》에 따르면 용원부 역시 책성부로 불렸다. 책성이라는 이름은 고구려[56]에서 시작했고 발해가 이를 따른 것이다. 저《삼국사기三國史記》[57]에 따르면, 태조왕이 46년 3월[58]에 동쪽으로 책성을 순행했고, 50년 8월[59]에 사신을 보내 책성을 다독거렸다.《위서》〈고구려 열

---

55 1465~1487년.

56 유득공은 고구려를 고려로 표기하다가 이 부분에서는 이례적으로 고구려로 표기했다.

57 원문은《삼국사》이지만 내용상《삼국사기》다.

58 서기 98년 4월 20일부터 5월 18일까지다.

전〉에는 이오李敖[60]가 그[61]가 있는 평양성에 가서 현지 사정을 조사했다는 이야기가 나오고 있으니, 동쪽으로 가면 책성이 나온다는 말이 맞는 것이다. 가탐의《군국지郡國志》에서는 발해국의 남해·압록·부여·책성 등 네 개 부가 모두 고구려 고토였다고 말했다. 신라 천정군泉井郡에서 책성부까지의 39개 역驛이란 게 바로 이것이다. 당나라 제도에서는 30리에 역 하나를 설치했다. 따라서 39개 역이면, 그 사이의 거리가 합계 1,170리다. 천정군은 지금의 덕원부였다. 신라와 발해가 경계를 맞댄 곳이 이곳이다. 덕원부에서 북쪽으로 정확히 1,170리를 가면 경성부鏡城府 경계에 도착하니, 이곳이 용원부가 된다는 것은 의심할 여지가 없다.

또《당서》에서는 용원부 동남쪽 연해가 일본길이라고 말한다.《일본일사》에 따르면, 발해 사신의 선박이 하이국이나 출우국 또는 능등국 땅에 표착하는 일이 많았다. 일본은 이것이 싫어서 축자도 태재부를 경유할 것을 요구했다. 나중에 또다시 능등에 표착하자 일본은 요구대로 하지 않았다며 그들을 질책했다. 발해 사신 사도몽이 이렇게 대답했다.

"실제로 이 명령을 받았습니다. 그래서 저희 나라 남해부의 토호포[62]

---

59 102년 8월 31일부터 9월 29일까지다.

60 원문에는 '왕오王敖'로 표기되어 있다.《위서》〈고구려 열전〉에는 그냥 '오敖'로만 표기되어 있지만《삼국사기》〈고구려 본기〉에는 '이오李敖'로 표기되어 있다.

61 《위서》〈고구려 열전〉에 따르면 '그'는 장수태왕이다.

에서 출발하여 서쪽으로 대마도 죽실진을 향해 가다가 바다에서 풍랑을 만났습니다. 그래서 이곳 금지구역에 표착하게 된 것입니다."

일본은 끝내 금지하지 못했다. 결국 능등에다가 숙박 장소를 정비해주었다. 하이·출우·능등 등지는 바다를 사이에 두고 우리 함경북도와 마주보고 있다. 이를 통해, 당시 사신들의 선박이 동북쪽 바다를 경유해서 일본과 통했음을 알 수 있다. 그러니 이곳은 마땅히 옛 옥저 땅이다. 그러므로 《당서》에서 옛 예맥 땅이라고 말한 것은, 옥저가 북쪽에 있고 예맥이 남쪽에 있어서 영토가 서로 겹치는 탓에 생겨난 오류다.

남경남해부南京南海府는 《당서》에 따르면 옛 옥저 땅이었다. 《요사》〈지리지〉에서는 해주남해군은 본래 옥저국이었다고 말한다. 고구려 때 사비성이 되고, 발해 때 남경남해부가 되었다. 《대청일통지》에서는 옛 해주성이 지금의 해성현海城縣 치소라고 말했다. 《후한서》에 따르면 동옥저는 고구려 개마대산蓋馬大山의 동쪽에 있었다. 한나라 때의 개마蓋馬, 즉 당나라 때의 개모蓋牟는 지금의 개평현蓋平縣이다. 해성海城 서남에서 개평 경계까지는 80리다. 이는 해성이 바로 개평 경계에 있다는 뜻이다. 이로써 한나라 때 옥저가 되고 고구려 때 사비가 되며 발해 때 남해부가 되고 요나라 때 해주海州가 되었다는 것을 의

---

62 원문은 '토올포土兀浦'다.

심할 수 없음을 알 수 있다.

생각해보면, 《삼국지》〈위서魏書〉[63]에 따르면, 동옥저는 고구려 개마대산 동쪽의 해안가에 있었다. 지형을 보면, 동북쪽이 협소하고 서남쪽이 길어서 족히 1,000리가 되고, 북쪽은 부여·읍루와 접하고 남쪽은 예맥과 접해 있었다. 주변 사방을 살펴보면, 지금의 함경도였음이 의심의 여지가 없다. 개마대산은 백두산의 남쪽 줄기로 함경도·평안도 등 두 도의 경계선이 된다. 《대명일통지》에서도 개마대산이 조선에 있다고 말했다.

지금은 개평현을 개마산이라 할 수 없고, 해성현을 옛 옥저 땅이라할 수 없다. 만약 해성현이 옥저라면, 그 북쪽이 설혹 부여·읍루와 접할 수 있다고 해도 어떻게 그 남쪽에 예맥이 있으며 어떻게 그 서쪽에 고구려가 있고 어떻게 그 동쪽에 대해가 있을 수 있겠는가. 그 거리 역시 1,000리가 아니니, 근거 없는 말임을 알 수 있다. 또 《삼국지》〈위서〉에 따르면, 한 무제가 원봉 2년[64]에 옥저성沃沮城을 현토군으로 만들었다. 《문헌비고》에 따르면, 현토군 치소는 지금의 함흥에 있었다. 그러므로 발해의 남경남해부는 당연히 함경도 함흥부에 있었다고 해야 한다. 함흥부가 천정군과 가깝다는 것은 이곳이 신라길이었

---

63 원문 표현은 〈위지魏志〉다. 이것은 《삼국지》 안의 〈위서〉를 지칭한다. 〈위서〉 외에 〈촉서蜀書〉·〈오서吳書〉가 있다.

64 기원전 109년.

음을 말하는 것이다.

남해라는 명칭도 고구려에서 찾을 수 있다. 《삼국사기》에 따르면, 태조왕이 62년 8월[65] 남해로 사냥을 나갔다. 일반적인 동북 지역의 지형을 보면, 왼쪽은 바다이고 오른쪽은 육지다.[66] 흑룡강 지방에서 바다를 따라 서남쪽으로 가면, 토문강이 바다로 흘러드는 곳에 도달한다. 또 바다를 따라 서남쪽으로 가면, 함흥부의 도련포가 바다로 흘러드는 곳에 도달한다. 점점 더 비스듬하게 서쪽으로 가면, 영고탑 등지에서 우리나라 함경도의 바다가 정남쪽에 있는 것을 볼 수 있다. 그러므로 《성경통지》에서도 남해부라고 부른 것은 이에 따른 것이다.

서경압록부西京鴨淥府는 《당서》에 따르면 고구려 고토였다. 《요사》〈지리지〉에서는 녹주압록군淥州鴨淥軍이 본래 고구려 고국성故國城[67]이라고 했다. 발해 때는 서경압록부로 불렸다. 신주·환주·풍주·정주 등 네 개 주의 사무를 감독했다. 또한 환주桓州는 고구려 환도성[68]이다. 고구려왕이 여기에 궁궐을 세웠기 때문에 국인들이 이곳을 신국이라 불렀다고 한다.

---

65 114년 9월 17일부터 10월 16일까지다.
66 원문은 '좌해우육左海右陸'이다. 남쪽에서 북쪽을 바라보는 게 아니라 북쪽에서 남쪽을 바라보는 관점에 입각한 표현이다.
67 국내성을 지칭한다.
68 원문에는 '중도성中都城'으로 잘못 표기되어 있다.

《당서》〈지리지〉에서는 압록강 하구에서 배를 타고 100여 리를 가다가, 작은 배를 타고 동북쪽으로 3,000리를 거슬러 올라가면, 박작구迫灼口에 도달하여 발해의 국경을 만날 수 있다고 했다. 500리를 더 거슬러 올라가면 환도현성, 즉 옛 고구려 왕도王都에 도착하게 된다고 했다. 또 동북쪽으로 200리를 거슬러 올라가면 신주神州가 나오며, 다시 육로로 400리를 가면 현주顯州에 다다른다고 했다. 이곳은 천보 시기에 왕이 도읍을 두었던 곳이다. 《대청일통지》에서는 녹주성이 조선 평양의 서쪽 경계에 있었다고 했다.

생각해보면, 고국성이라고 말한 것은 유리왕의 국내성을 가리키는 것이다. 발해가 서경을 설치했다. 신국新國이라는 것은 산상왕山上王의 환도성을 두고 하는 말이다. 발해는 이곳에 환주를 설치했다.

《당서》〈지리지〉의 설명에 따르면, 압록강 입구에서부터 거리를 계산해서 배를 타고 100여 리를 간 뒤 동북쪽으로 30리를 거슬러 올라가면 박작구에 도달한다. 박작구는 요나라 때는 갈소관로曷蘇館路에, 금나라 때는 파속로婆速路에, 원나라 때는 파사부로婆娑府路에 속했다. 오늘날 연경에 갈 때 건너는 의주 나루가 그곳에 있다. 다시 500리를 거슬러 가면 환도현성에 도착하니, 이곳이 고구려의 신국新國이고 발해의 환주이며 지금의 강계부다. 다시 동북쪽으로 200리를 거슬러 가면 신주에 도착하니, 이곳은 지금의 폐사군廢四郡[69] 경계다.

《요사》〈지리지〉에서는 환주가 녹주의 서남쪽 200리에 있다고 말했다. 《통지》에서는 압록강의 근원은 말갈백산에 있으며 국내성 남쪽을 경유한다고 말했다. 또 이적李勣의 상소문에 따르면 국내성은 압록강 이북에 있었다. 이를 근거로 하면, 발해의 서경압록부는 지금의 강계부 동북쪽 200리, 압록강 바깥에 있었던 것이 된다.《대청일통지》에서 이것이 평양 서쪽 경계에 있다고 말한 것은 잘못이다.

장령부는《당서》에 따르면 고구려 고토였다.

생각해보면, 가탐은 안동도호부 동북쪽에서 옛 개모성과 신성을 지나고, 발해 장령부를 거쳐 1,500리를 가면 발해 왕성에 도달한다고 말했다.《대청일통지》에 따르면 신성은 흥경興京 이북에 있었다. 이로써 추리해보면, 장령부는 길림 땅에 있었어야 한다.

부여부는《당서》에 따르면 옛 부여 땅이었다.《요사》〈지리지〉에서는 통주안원군通州安遠軍이 본래 부여국 왕성이었다고 했다. 발해 때 부여성으로 불렀으며, 태조[70]가 용주龍州로 고치고 태종이 다시 지금의 명칭으로 바꿨다고 했다. 또 용주황룡부龍州黃龍府는 본래 발해 부여부였다고 했다.《대청일통지》에서는 개원현이 발해 부여부였다고 말했다. 또 과거의 삼만위三萬衛가 홍무 22년[71] 개원현성開原縣城 안에 설치되었다고 했다. 발해에서는 부여부라고 부르고 요나라에서는

---

69 4군은 조선 세종이 여진족을 막고자 개척한 여연군·우예군·무창군·자성군을 말한다. 이 네 개 군은 단종과 세조 때 순차적으로 폐지되었다. 폐지된 이후로는 편의상 폐사군으로 불렀다.

70 요나라 태조 야율아보기.

71 1389년.

황룡부라고 불렀으며, 금나라에서는 회령부라고 불렀다. 원나라에서는 개원로開元路에 속했다.

생각해보면, 《당서》에 따르면 발해는 항상 부여부에 강병을 배치해서 거란을 견제했다. 지금의 개원현은 길림오라성의 목구멍이다. 반드시 지켜야 할 땅이다. 이곳은 발해의 부여부였다.

막힐부鄚頡府는 《당서》에 따르면 부여 고토였다. 《요사》〈지리지〉에서는 한주동평군[72]이 본래 고리국[73]의 옛 치소인 유하현이었다고 말했다. 고구려 때 막힐부를 두었고 발해도 이를 따랐다. 《대청일통지》에서는 요나라 때 한주韓州였고, 금나라 때는 함평로咸平路에, 원나라 때는 함평부咸平府에, 명나라 때는 삼만위에 속했다고 했다.

생각해보면, 고리국은 부여가 생겨난 곳이다. 그 땅이 부여 북쪽에 있었으니, 막힐부는 당연히 지금의 개원현 북쪽에 있었어야 한다.

정리부定里府는 《당서》에 따르면 옛 읍루 땅이었다. 《요사》〈지리지〉에서는 심주소덕군瀋州昭德軍이 본래 읍루국 땅이며 발해가 심주를 세웠다고 했다. 《대청일통지》에서는 봉천부奉天府는 발해 때 세워졌고, 정주와 심주 등 두 개 주가 정리부에 속했으며, 요나라 때 심주소덕군을 설치했다고 했다.

생각해보면, 봉천부가 정리부였다는 점은 《요사》와 《청지淸志》[74]에

72 원문에는 '군軍'이 '군郡'으로 잘못 표기되어 있다.
73 기원전 5세기부터 약 3세기 동안 하얼빈을 중심으로 북만주에서 활동한 국가.

서 모두 찾을 수 있다. 그러나 부여부는 거란길의 서쪽 경계 같은 곳이었다. 정리부 역시 부여부의 서쪽에 있었으니, 아마도 흥망성쇠에 따른 팽창과 위축이 무상했던 듯하다.

안변부는 《당서》에 따르면 옛 읍루 땅이었다.

생각해보면, 안변부 역시 봉천부 지방에 있었어야 한다.

솔빈부는 《당서》에 따르면 옛 솔빈부 땅이었다. 《요사》〈지리지〉에서는 솔빈현이 본래 발해 솔빈부 땅이라고 했다. 또 솔빈부는 옛날 솔빈국 땅이라고 했다. 《성경통지》에서는 솔빈부가 본래 솔빈국 고토라고 말했다. 이에 따르면, 요나라는 솔빈부를 설치하고 금나라는 휼품로恤品路로 바꾸었다. 또 휼품로에는 금나라 때 절도사가 배치되었는데, 이곳은 요나라 때의 솔빈부 땅이었다고 했다. 또 원나라 때 폐지되었으며 지금의 흥경 동남쪽 변경 밖이라고 했다. 《금사》〈지리지〉[75]에서는 휼품로가 요나라 때 솔빈부가 되고 자사가 배치되었으며 이곳이 본래 솔빈국의 고토라고 했다.

태종[76] 때인 천회 2년[77]에는 야라로耶懶路의 도패근都孛堇[78]이 있는 곳

---

74 "《요사》와 《청지》에서 모두 찾을 수 있다"에 해당하는 원문은 '요사청지구가징遼史淸志俱可徵'이다. '모두'라는 뜻의 '구俱'라는 글자를 볼 때, 《요사》와 《청지》가 독립된 서적임을 알 수 있다. 그런데 《청지》가 어떤 책인지 알아내지 못했다.

75 원문 표현은 《금지金志》다.

76 금나라 태종(재위 1123~1135).

77 1124년.

78 부족장이란 의미다.

이 척박하다는 이유로 이곳으로 이전했다. 해능왕海陵王[79]이 만호제萬戶制를 전부 폐지하고 절도사를 설치했기 때문에 속빈로速頻路 절도사로 불리게 되었다. 세종 때인 대정 11년,[80] 야라로와 속빈로가 1,000리 떨어져 있고 속빈로에 있게 되었다 해도 근본을 잊어서는 안 된다는 이유로 석토문친관맹안石土門親管猛安[81]을 압라맹안鴨懶猛安이라고 명명했다. 승안 3년,[82] 절도부사節度副使를 임명했다.

서북쪽으로는 상경까지 1,570리, 동북쪽으로는 호리개胡里改까지 1,100리, 서남쪽으로는 합라合懶까지 1,200리, 북쪽으로는 변경인 알가아련천호幹可阿懶千戶[83]까지 2,000리다.

《북사》〈고구려 열전〉에서는 주몽이 부여에서 동남쪽으로 도망가다가 큰물을 만나자 물고기와 자라가 다리를 만들어 건널 수 있도록 했다고 말했다.《삼국사기》에서는 동명성왕 고주몽이 동부여를 나와 엄사수淹㴲水에 이르자 물고기와 자라가 다리를 만들어 건널 수 있도록 한 덕분에 졸본천에 당도하여 도읍을 정할 수 있었으며 일설에는 이를 졸본부여라 했다고 말한다.

---

79 금나라 제4대 황제인 완안량(재위 1149~1161). 폐위된 뒤 해능왕으로 불렸다.

80 1171년.

81 유득공은 '친관맹안親管猛安'으로 표기했지만《금사》〈지리지〉에는 '석토문친관맹안'으로 표기되어 있다. 맹안猛安이란 말은 지명이 아니다. 3,000호로 이뤄진 행정조직을 지칭한다.

82 1198년.

83 원문에는 세 번째 글자인 '아阿'가 빠져 있다. 또 '련懶'이 '린隣'으로 잘못 표기되어 있다.

생각해보면, 졸본卒本·솔빈率賓·훌품恤品·속빈速頻은 발음은 다르지만 실제로는 같은 것이다.《성경통지》에서 흥경 동남쪽 변경 밖에 있다고 했으니 우리나라의 삼수三水와 갑산甲山 등지가 되는 것이다.《고려사》에 따르면, 선종 5년[84] 요나라에 사신을 보내 각장榷場[85] 설치를 그만둘 것을 요청했다. 이 표문에서 "천황학주天皇鶴柱[86]의 성에서 서쪽은 그쪽[87]으로 붙이고 일자별교日子鱉橋 강[88]의 동쪽은 우리 영토로 할양했습니다"라고 했으니, 이는 엄사수를 압록강으로 하는 것이었다. 동명성왕이 부여 동남쪽에서 나와 압록강을 건넜으니 이 또한 당연히 삼갑三甲[89] 등지다.《고려사》〈지리지〉[90]에서는 "갑산은 본래 허천부虛川府였다. 오랫동안 여진족에게 점거되었다"라고 했다. 부지府志[91]에서는 여진족 도통都統이 있었던 곳이라고 했다. 도통이란 것은 도패근이나 맹안猛安[92]의 부류를 뜻한다. 여러 이야기를 참고로 해서

---

84 1088년.

85 국경 시장.

86 수행자 정령위가 집 떠난 지 천년 만에 학이 되어 돌아와서 돌기둥에 살았다는 고사가 전해지는 요동 땅을 지칭한다.

87 거란족 요나라.

88 일자별교는 주몽을 위해 자라 등이 만들었다는 다리를 가리키고, 일자별교 강은 그 다리가 있었다는 개사수蓋斯水를 지칭한다. 개사수는 압록강 동북 지방에 있다.

89 삼수와 갑산.

90 《세종실록世宗實錄》〈지리지〉에도 동일한 내용이 있다.

91 갑산 관청에서 펴낸 지역 역사서를 가리키는 듯하다. 갑산은 조선 태종 때인 1413년까지는 부府였고 그때부터는 군郡이었다. 유득공이 읽은 책이 1413년 이전 것이라면 제목은 부지府志일 것이고, 그 이후 것이라면 군지郡志일 것이다.

살펴보면, 지금의 삼수·갑산 등지는 고구려 때는 졸본으로 불리고 발해 때는 솔빈으로 불렸으며 금나라 때는 휼품으로 불렸다는 게 밝혀진다.

또 생각해보면, 야라耶懶·압라押懶·합라合懶라는 것 역시 갈라曷懶를 지칭한다. 고려 시중侍中[93] 윤관尹瓘이 수축한 9성이 지금의 함흥咸興·단천端川·길주吉州 등지이니 그곳이 바로 여기다. 호리개란 곳은《금사》〈지리지〉에 따르면 서쪽에 있는 상경上京까지 630리 거리다.《금사》본기[94]에서는 태종 때인 천회 8년 7월[95]에 혼덕공昏德公과 중혼후重昏侯[96]를 골리개로鶻里改路로 보냈다고 했다. 희종[97] 즉위년 4월 병인일,[98] 혼덕공 조길趙佶이 죽었다. 오늘날 우리나라 회령부에서 동북쪽으로

---

92 맹안은 3,000호로 이뤄진 행정조직을 뜻하는 동시에 그 수장을 뜻한다. 여기서는 후자의 의미다.

93 윤관이 문하시중이 된 것은 동북 9성을 수축한 이후다.

94 〈태종 본기〉.

95 천회 8년 7월은 1130년 8월 6일부터 9월 4일까지다.

96 혼덕공과 중혼후에 쓰인 혼昏은 '어둡다'는 부정적 의미를 담고 있다. 그래서 그다지 좋지 않은 작위 명칭이다. 혼덕공과 중혼후는 송나라(북송)가 멸망할 때인 1126년 당시의 두 황제를 가리킨다. 혼덕공은 전직 황제로서 상황이었던 휘종이고 중혼후는 당시 황제였던 흠종이다. 두 황제는 금나라의 공격을 받고 포로로 끌려갔다. 그런 뒤에 혼덕공과 중혼후라는 제후 칭호를 금나라로부터 받았다. 흠종은 휘종의 아들이므로 공公보다 낮은 후侯를 받은 것으로 보인다. 서거정의《동국통감》에 이에 관한 이야기가 나온다. 이 책에 인용된 금나라 황제의 조서에 따르면, 두 황제의 행동에 명분이 없고 말이 이치에 맞지 않는다는 이유로 금나라가 두 사람에게 그런 칭호를 주었다고 한다.

97 금나라 희종(재위 1135~1149)

98 희종 즉위년 4월 병인일(23일)은 1135년 6월 6일이다.

25리 떨어진 큰 무덤에서 금은 그릇과 숭녕전崇寧錢[99] 혹은 옛날 서적을 종종 주울 수 있으니, 이곳이 휘종이 묻힌 곳임을 알 수 있다. 이곳이 금나라 때의 골리개다. 골리개라는 것은 호리개胡里改를 말한다. 그러므로 휼품로의 서북쪽이 상경이 되고 동북쪽이 호리개가 되며 서남쪽이 합라가 된다는 게 명확해지는 것이다. 이미《성경통지》에서 휼품로가 흥경 동남쪽 교외에 있다고 했다. 또 솔빈부에 속한 건주建州가 흥경 경계 안의 부府에 있었고 화주華州·익주益州가 봉황성 경계 안에 있었으며 화주 옛터는 살펴볼 필요도 없이 익주라고 말했다. 지금 조선 국경 안에 의주성義州城이 있다. 조선인들은 이곳을 애주愛州라고 부른다. 그 책에서 이곳이 흥경 동남쪽 교외에 있었던 게 분명하며 봉황성을 가리킨다고 말한 것은 잘못된 것이다. 봉황성은 발해때 압록부에 속해 있었는데, 어떻게 솔빈부를 다시 둘 수 있었겠는가? 금나라 때 있었던 것은 휼품로이며, 이것은 갈라 땅과 동서로 떨어져 있어서 서로 맞닿을 수 없는 것이었다.

동평부는《당서》에 따르면 불열국 고토였다.《요사》〈지리지〉에서는 자몽현이 본래 한나라의 누방현 땅이었다가 나중에 불열국 때 동평부가 되었다고 했다. 또 요주시평군은 본래 불열국의 도성이었다가 발해 때 동평부가 되었다고 했다.

---

99 휘종 때인 숭녕 시기(1102~1106)에 발행된 주화로서 정식 명칭은 숭녕중보崇寧重寶다. 은·동·철로 제작되었다.

생각해보면, 당연히 흑룡강 지방에 있었어야 한다. 《요사》〈지리지〉
가 틀렸다.

철리부鐵利府는 《당서》에 따르면 옛 철리 땅이었다. 《요사》〈지리
지〉에서는 철리부가 옛 철리국 땅이라고 했다.

생각해보면, 당연히 흑룡강 지방에 있었어야 한다.

회원부襄遠府는 《당서》에 따르면 옛 월희국 땅이었다. 《요사》〈지
리지〉에서는 신주창성군이 본래는 옛 월희국의 성이라고 했다. 발해
때 회원부가 설치되었다.

생각해보면, 당연히 흑룡강 지방에 있었어야 한다. 《요사》〈지리지〉
가 잘못되었다.

안원부安遠府는 《당서》에 따르면 옛 월희 땅이었다. 《요사》〈지리
지〉에서는 모주慕州가 본래 발해의 안원부 땅이라고 했다. 《대청일통
지》에서는 모주성이 녹주淥州 서쪽 200리에 있다고 했다.

생각해보면, 당연히 흑룡강 지방에 있었어야 한다. 《당서》[100] 〈흑수
말갈 열전〉에서는 불열·월희·철리[101] 등의 부족이 있다고 하면서, 그
땅이 남쪽으로는 발해와 닿고 동북쪽으로는 바다와 닿으며 서쪽으
로는 실위室韋에 도달한다고 했다. 또 남북 길이가 2,000리이고 동서
가 1,000리라고 했다. 지금의 흑룡강 지방이 이곳이다. 동평東平은 옛

---

100 여기서 말하는 《당서》는 《신당서》다.
101 《신당서》 원문에서는 "불열·우루虞婁·월희·철리"라고 했다.

불열 땅이다. 철리는 옛 철리 땅이다. 회원과 안원은 옛 월희 땅이다. 네 개 부족이 모두 흑룡강 지방에 있었어야 한다.《요사》〈지리지〉에서 요동의 주와 현을 끌어다 붙이고《대청일통지》에서는 이를 매우 상세히 고증했다. 그러므로 모주가 녹주 서쪽 200리에 있었다고 한 것 역시 잘못이다.

▎ 十五府辨: 上京龍泉府, 唐書, 云. 肅愼故地. 賈耽, 曰. 自安東都護府, 經古盖牟, 新城, 又經渤海長嶺府, 千五百里, 至渤海王城. 城, 臨忽汗海. 其西南三十里, 有故肅愼城. 其北, 經德里鎭, 至南黑水鞨鞨, 千里. 又曰. 自神州, 陸行, 四百里, 至顯州, 又正北, 如東, 六百里, 至渤海王城. 大明一統志, 云. 金, 滅遼, 設都於渤海上京. 清一統志, 云. 通志, 謂. 渤海上京, 在烏喇境內, 以唐書, 考之, 當在寧古塔西南境也.

按. 忽汗海者, 今虎爾哈河也. 金, 滅遼, 設都於渤海上京者, 指會寧府也. 扈從錄, 云. 沙林東南十五里, 曰火茸城, 金之上京會寧府也. 三殿基址, 皆在碎碧瓦棋布其上. 城西, 芰荷彌渚, 逶迤綿渺, 莫窮其際, 渚間, 有亭榭遺蹟. 自沙林, 而東, 八十里, 爲寧古塔. 然則, 清統志, 所云渤海上京, 在寧古塔西南境者, 爲確. 大抵, 吉林烏喇寧古塔之地, 爲東北奧區山川道里, 國都. 沿革, 賈耽, 能言之. 而清興以後, 其說, 特詳云.

中京顯德府, 唐書, 云. 肅愼故地. 遼志, 云. 東京遼陽府, 本朝鮮之地. 晉, 陷高麗. 元魏太武, 遣使, 至其所居平壤城. 唐高宗, 於此,

置安東都護府. 後, 爲渤海大氏, 所有. 中宗, 賜所都, 曰忽汗州. 卽
平壤城也. 号中京顯德府. 清統志, 云. 故顯德府, 在吉林烏喇城東
南. 又云. 遼陽故城, 今遼陽州治. 疑唐中葉, 安東府, 廢後, 渤海,
置城, 於此, 謂之遼陽事. 或有之然. 考遼記, 太祖, 三季, 幸遼東,
神册三年, 幸遼陽故城, 四季, 建東平郡. 天顯元季, 始攻, 拔渤海
扶餘城, 進圍忽汗城, 降大諲譔. 置東丹國. 太宗三季, 遷東丹國民,
於東平郡. 是渤海未平之先. 遼陽之地, 早入契丹. 初, 名遼東. 復
名遼陽. 或卽遼時命名, 非由渤海也. 遼志, 不考地理, 遂謂東京卽
平壤城, 亦卽忽汗州, 又卽中京顯德府. 以相去各千里之地, 合爲
一, 誤甚.

按. 唐書地理志, 云. 自渤海神州, 陸行, 四百里, 至顯州. 天寶中,
王所都神州, 今屬江界府東, 廢四郡境, 顯州, 卽顯德府治也. 清統
志, 謂. 顯德府, 在吉林烏喇城東南者, 有攄其辨. 遼志之誤, 甚詳.
東京龍原府, 唐書, 云. 濊貊故地. 遼志, 云. 開州鎮國軍, 本濊貊
地, 高麗, 爲慶州, 渤海, 爲東京龍原府. 清統志, 云. 開州城, 在朝
鮮咸興府西北, 本濊貊地, 高麗, 置慶州, 渤海, 爲東京龍原府. 又
云. 鳳凰城, 渤海龍原府, 遼開州鎮國軍. 又云. 開州故城, 在鳳凰
城東南, 明成化中, 朝鮮使, 還, 遇, 掠鳳凰山下, 奏, 乞更開貢道於
舊路南. 因築此城. 鳳凰城, 實在於朝鮮之東.

按. 遼志. 開州, 實在今鳳凰城, 而謂卽渤海龍原府, 則誤也. 清統
志. 無以辨遼志之誤, 或指咸興府, 或指鳳凰城, 東西牽合. 又引開

172

貢道事, 遂謂鳳凰城在朝鮮東, 以實濊貊故地, 尤非也. 唐書. 龍原府, 亦曰柵城府. 柵城之名, 始於高句麗, 而渤海因之. 爾三國史. 太祖王, 四十六季三月, 東巡柵城, 五十季八月, 遣使, 安撫柵城. 魏書高句麗傳. 王敖, 至其所居平壤城, 訪其方事, 云東至柵城者, 是也. 賈耽郡國志. 渤海國南海鴨淥扶餘柵城四府, 並高句麗舊地. 自新羅泉井郡, 至柵城府, 三十九驛者, 又是也. 唐制, 三十里, 置一驛. 三十九驛, 計一千一百七十里. 泉井郡, 今德源府也. 新羅渤海, 分界, 在是. 自德源府, 北行, 滿一千一百七十里, 至鏡城府界, 爲龍原府, 無疑. 唐書, 又云. 龍原東南濱海, 日本道也. 日本逸史. 渤海使舶, 多着蝦夷國及出羽能登之地. 日本, 惡之, 約由筑紫道太宰府. 後又着能登, 日本, 讓其不如約. 渤海使臣史都蒙, 對曰. 實承此旨. 故發自樊邑南府土亐浦, 西指對馬竹室之津, 海中, 遭風. 着此禁境. 日本, 竟不能禁. 遂於能登, 修飾停宿之所. 蝦夷出羽能登等地, 与我咸鏡北道, 隔海, 相對. 當時, 使舶, 由東北海, 通日本, 可知也. 當屬沃沮故地. 而唐書, 以爲濊貊故地者, 沃沮, 在北, 濊貊, 在南, 壤地, 相錯, 故致誤爾.

南京南海府, 唐書, 云. 沃沮故地. 遼志, 云. 海州南海軍, 本沃沮國地. 高句麗, 爲沙卑城, 渤海, 号南京南海府. 清統志, 云. 海州故城, 今海城縣治. 後漢書. 東沃沮, 在高句麗盖馬大山之東. 漢之盖馬, 卽唐盖牟, 今盖平縣也. 海城西南, 至盖平界, 八十里. 是海城, 正在盖平界矣. 自此說明, 則知, 在漢, 爲沃沮, 在高麗, 爲沙卑, 在渤海, 爲南海府, 在遼, 爲海州, 更無疑也.

按. 魏志. 東沃沮, 在高句麗盖馬大山之東濱大海. 而居其地形, 東北, 狹, 西南, 長, 可千里, 北, 与夫餘挹婁, 南, 与濊貊, 接. 開說四至, 爲今咸鏡道, 無疑. 其盖馬大山, 卽指白頭山南支, 爲咸鏡平安兩道分界者. 大明一統志, 亦言. 盖馬大山, 在朝鮮. 今, 不可以盖平縣, 謂之盖馬山, 海城縣, 謂之沃沮故地也. 若以海城縣, 當沃沮, 則其北, 或可曰接夫餘挹婁, 而其南, 有何濊貊, 其西, 有何高句麗, 其東, 有何大海. 其長, 又非千里, 決知爲無稽之言. 又魏志. 漢武, 元封二季, 以沃沮城, 爲玄菟郡. 文獻備考. 玄菟郡治, 在今咸興. 然則, 渤海南京南海府, 當以咸鏡道之咸興府, 爲定. 咸興府, 与泉井郡, 相近, 是謂新羅道也. 南海之稱, 亦昉於高句麗. 三國史. 太祖王, 六十二季八月, 巡狩南海. 盖東北地形, 左海, 右陸. 自黑龍江地方, 沿海, 西南, 至土門江入海處. 又沿海, 西南, 至咸興府之都連浦入海處. 漸迤, 漸西, 在寧古塔等地, 視之我國咸鏡道之海, 在正南. 故, 盛京通志. 亦稱南海者, 以此.

西京鴨淥府, 唐書, 云. 高麗故地. 遼志, 云. 淥州鴨淥軍, 本高麗故國. 渤海, 号西京鴨淥府. 都督神桓豊正四州事. 又云. 桓州, 高麗中都城. 高麗王, 於此, 刱立宮闕, 國人, 謂之新國. 唐書地理志, 云. 自鴨淥江口, 舟行, 百餘里, 乃小舫, 泝流東北三十里, 至泊汋口, 得渤海之境. 又泝流五百里, 至丸都縣城, 故高麗王都. 又東北, 泝流二百里, 至神州, 又陸行, 四百里, 至顯州. 天寶中, 王, 所都.

清統志, 云. 淥州城, 在朝鮮平壤西境.

按. 故國云者, 琉璃王之國內城也. 渤海, 置西京新國. 云者, 山上王之丸都城也. 渤海, 置桓州. 從唐志之說, 自鴨淥江口, 計程, 舟行, 百餘里, 又溯流, 東北三十里, 至泊汋口. 泊汋口者, 遼, 曷蘇館, 金, 婆速路, 元, 婆娑府路. 今, 赴燕時, 義州津渡也. 又溯流, 五百里, 至丸都縣城, 卽高句麗之新國, 渤海之桓州, 今之江界府也. 又東北, 溯流, 二百里, 至神州, 今廢四郡境也. 遼志, 云. 桓州, 在淥州西南二百里. 通志, 云. 鴨淥江源, 出靺鞨白山, 經國內城南. 又李勣奏狀. 國內城, 在鴨淥以北. 據此, 渤海西京鴨淥府, 在今江界府東北二百里, 鴨淥江外. 清統志, 云. 在平壤之西境者, 非也.

長嶺府, 唐書, 云. 高麗故地.

按. 賈耽, 曰. 自安東都護府東北, 經古盖牟新城, 又經渤海長嶺府, 千五百里, 至渤海王城. 清統志. 新城, 在興京北. 以此, 推之, 長嶺府, 當在吉林地方.

扶餘府, 唐書, 云. 扶餘故地. 遼志, 云. 通州安遠軍, 本扶餘國王城. 渤海, 号扶餘城, 太祖, 改龍州, 太宗, 更今名. 又云. 龍州黃龍府, 本渤海扶餘府. 清統志, 云. 開原縣, 渤海扶餘府. 又云. 故三萬衛, 在開原縣城內, 洪武二十二季, 置. 在渤海, 曰扶餘府, 在遼, 曰黃龍府, 在金, 曰會寧府, 在元, 曰開元路.

按. 唐書. 渤海, 常宿勁兵於扶餘府, 捍契丹. 今開元縣, 爲吉林烏喇咽隘. 必守之地. 是爲渤海之扶餘府也.

鄚頡府, 唐書, 云. 扶餘故地. 遼志, 云. 韓州東平郡, 本槀離國舊治, 柳河縣. 高麗, 置鄚頡府, 渤海, 因之. 清統志, 云. 遼, 韓州, 金, 屬咸平路, 元, 屬咸平府, 明, 屬三萬衛.

按. 槀離國者, 扶餘之所自出也. 其地, 在扶餘北, 然則, 鄚頡府, 當在今開元縣北.

定理府, 唐書, 云. 挹婁故地. 遼志, 云. 瀋州昭德軍, 本挹婁國地, 渤海建瀋州. 清統志, 云. 奉天府, 渤海, 建, 定瀋二州, 屬定理府, 遼, 置瀋州昭德軍.

按. 奉天府, 之爲定理府, 遼史清志, 俱加徵. 但, 扶餘府, 爲契丹道, 似其西界也. 定理府, 又在扶餘府之西, 意者, 隨其盛衰辰[102]縮, 無常歟.

安邊府, 唐書, 云. 挹婁故地.

按. 安邊府, 亦當在奉天府地方. 率賓府, 唐書, 云. 率賓故地. 遼志, 云. 率賓縣, 本渤海率賓府地. 又云. 率賓府, 故率賓國地. 盛京通志, 云. 率賓府, 本率賓國故地. 遼時, 置率賓府, 金, 改爲恤品路. 又云. 恤品路, 金, 置節度使, 本遼時, 率賓府地. 元, 廢, 今在興京東南邊外. 金志, 云. 恤品路, 遼時, 爲率賓府, 置刺史, 本率賓故地. 太宗天會二季, 以耶懶路, 都孛菫, 所居, 地, 瘠, 遂遷于此. 以

---

102 문맥상으로 보면 '진振'이다.

海陵, 例罷萬戶, 置節度使, 因名速頻路節度使. 世宗大定十一季,
以耶懶速頻, 相去, 千里, 旣居速頻, 然不可忘本, 遂命名親管猛安,
曰押懶猛安. 承安三季, 設節度副使. 西北, 至上京, 一千五百七十
里, 東北, 至胡里改, 一千一百里, 西南, 至合懶, 一千二百里, 北,
至邊界斡可憐千戶, 二千里. 北史高句麗傳, 云. 朱蒙, 自扶餘, 東
南走, 遇一大水, 魚鼇, 成橋, 得渡. 三國史, 云. 東明聖王高朱蒙,
自東夫餘, 行, 至淹㴲水, 魚鼇, 成橋, 得渡, 至卒本川, 都焉, 一云.
卒本夫餘.

按. 卒本, 率賓, 恤品, 速頻, 音, 轉, 而其實, 一也. 盛京通志, 謂.
在興京東南邊外, 則我國之三水甲山等地也. 高麗史. 宣宗五年,
遣使, 于遼, 請罷権場. 表, 曰. 自天皇鶴柱之城, 西, 收彼岸, 限日
子鼇橋之水東, 割我疆, 卽以淹㴲水, 爲鴨淥. 東明王, 自夫餘東南,
走渡鴨淥, 又當爲三甲等地也. 高麗史地理志, 云. 甲山, 本虛川府,
久, 爲女眞, 所攄. 府志, 云. 女眞都統, 所居. 都統者, 意其都字菫
猛安之類也. 以諸說, 參究, 今三甲等地, 在高句麗, 曰卒本, 在渤
海, 曰率賓, 在金, 曰恤品, 可明也. 又按. 耶懶, 押懶, 合懶者, 亦稱
曷懶. 高麗侍中尹瓘, 所築, 九城, 今咸興, 端川, 吉州等地, 是也.
胡里改者, 金志, 云. 西, 至上京, 六百三十里. 金史本紀, 云. 太宗
天會八季七月, 徙昏德公重昏侯, 于鶻里改路. 熙宗卽位四月丙寅,
昏德公趙佶, 卒. 今, 我會寧府之東北, 二十五里, 有大冢, 往往, 拾
金銀器及崇寧錢舊傳, 徽宗, 所葬, 可知. 其, 爲金鶻里改路. 鶻里

改者, 胡里改也. 然則, 恤品路之西北, 爲上京, 東北, 爲胡里改, 西南, 爲合懶, 亦明矣. 盛京通志, 旣曰. 恤品路, 在興京東南邊外. 又曰. 率賓府之建州, 在興京界內府, 及華益二州, 在鳳凰城界內, 華州舊址, 無考, 益州. 今朝鮮界, 有義州城. 朝鮮人, 呼愛州. 其, 曰. 在興京東南邊外者, 固得之, 而又指鳳凰城, 則非也. 鳳凰城, 在渤海時, 當屬鴨淥府, 安得, 復置率賓府. 在金時者, 恤品路, 則与曷懶之地, 東西, 隔絶, 不相屬矣.

東平府, 唐書, 云. 拂涅故地. 遼志, 云. 紫蒙縣, 本漢鏤方縣地, 後, 拂涅國, 置東平府. 又云. 遼州始平軍, 本拂涅國城, 渤海, 爲東平府.

按. 當在黑龍江地方. 遼志, 誤也.

鐵利府, 唐書, 云. 鐵利故地. 遼志, 云. 鐵利府, 故鐵利國地.

按. 當在黑龍江地方.

襄遠府, 唐書, 云. 越喜故地. 遼志, 云. 信州彰聖軍, 本越喜古城. 渤海, 置襄遠府.

按. 當在黑龍江地方, 遼志, 誤也.

安遠府, 唐書, 云. 越喜故地. 遼志, 云. 慕州, 本渤海安遠府地. 清統志, 云. 慕州城, 在淥州西, 二百里.

按. 當在黑龍江地方. 唐書黑水鞨羈傳. 有拂涅越喜鐵利等部, 其地, 南, 距渤海, 東北, 際於海, 西, 抵室韋. 南北, 袤二千里, 東西千里. 今之黑龍江地方, 是也. 東平, 爲拂涅故地. 鐵利, 爲鐵利故

地. 裵遠安遠, 爲越喜故地. 四府, 並在黑龍江地方. 遼志, 以遼東
州縣, 牽合, 清統志, 辨之, 甚詳. 然, 謂. 慕州, 在淥州西, 二百里,
則亦誤也.

발해와 신라의 경계

《당서》에서는 발해가 남쪽으로 신라와 접하고 있다고 하면서, 니하
를 경계로 한다고 했다. 가탐의《군국지》에서는 신라 천정군에서 발
해 책성부까지 가는 동안에 39개의 역이 있다고 했다.《대청일통지》
에서는 평양부가 한나라 때는 낙랑군이고 고구려 때는 장안성으로
서 일명 왕검성으로도 불렸으며, 당나라 때 안동도호부가 설치되었
다가 나중에 발해에 의해 함락되었다고 했다.《문헌비고》에서는 신
라가 통합한 후에 천정군의 탄항관炭項關을 동북쪽 경계로 삼았다고
하면서, 천정군은 지금의 덕원부德源府라고 했다. 서북쪽은 당악현唐嶽
縣을 경계로 했으며 이곳은 지금의 중화부中和府라고 했다. 중화에서
동쪽으로 지금의 상원祥原·수안遂安·곡산谷山을 거쳐 덕원에 이르기
까지 모두 다 신라의 변경 요새라고 했다. 니하는 당연히 덕원부 경
내에 있어야 한다.[103]

생각해보면, 발해의 지리에 관해《당서》가 서술을 생략하기는 했

---

[103] 다음에 이어질 내용은 〈지리고〉 전체의 결론이다.

지만 어느 곳이 어느 부이며 5경의 위치가 어디인지가 너무 세세해서《요사》에서는 혼란스러워졌다. 요나라가 발해를 병합한 뒤 백성을 옮기고 읍을 옮길 때 과거의 명칭을 사용한 일이 많았는데도 지리지 편찬자들이 별도로 구별하지 않았다.《대청일통지》에서는 발해가 설치한 5경 15부 62주가 주로 지금의 길림오라성이나 영고탑 또는 조선 영토에 있었다고 했다. 또 요동에 있던 고토가 발해 땅에 들어갔지만 설치 과정이 알려지지 않았다고 했다. 또《요사》에서는 발해 때 어디 지역이라고 말했지만 실제로는 그렇지 않았다. 확실히 말할 수 있는 것은, 예를 들면《요사》에서 동경이 서경의 서쪽에 있다 하고 중경이 동경의 서쪽에 있다고 한 것이 너무 정확치 않다는 점이다.

하지만 비록 그럴지라도《요사》가 아니면 발해 군현의 명칭을 찾을 수 없다. 그러므로 먼저《당서》를 서술하고 다음으로《요사》를 서술하여 산천의 명칭을 풀이한 뒤에야, 비로소 다른 역사서로 이것저것 고증할 수 있다. 그렇게 해야 5경 15부가 질서정연한 순서를 이루게 될 것이다.[104] 북쪽으로는 흑룡강을 한계로 하고 동쪽으로는 바다에 닿으며 서쪽으로는 개원과 심양潘陽 등지에 닿고 남쪽으로는 함경도의 덕원부와 평안도의 평양부를 경계로 하고 있으니, 영토의 넓이

---

104 "질서정연한 순서를 이루게 될 것이다"에 대한 원문은 질연유서秩然有序다. 질연유서는《시경》해설서인《시경집전詩經集傳》에 나온다. 친구보다 형제가 나음을 강조하는 시에 대한 해설을 하면서, 형제와 친구 중 어느 쪽을 더 가까이할지는 인간의 본성을 추구하다 보면 자연스레 질서정연하게 해결될 것이라며 질연유서란 표현을 사용했다.

를 알 수 있다. 《요사》〈지리지〉에 서술된 군현들이 각각의 부를 중심으로 마치 시계가 움직이듯이 정렬되어 있다는 게 바로 이런 것이다.

또 생각해보면, 《삼국사기》에서 궁예는 "지난날 신라가 당나라에 군대를 요청해서 고구려를 멸망시킨 탓에 평양 옛 도읍이 황폐해져 풀이 무성해졌다"라고 말했다. 참람하게도 연호를 성책 1년[105]으로 바꾸고는 패서浿西[106]의 열세 개 진鎭을 각각 평정했다. 그러자 평양성주平壤城主 검용黔勇이 항복했다. 이때, 대인선이 바야흐로 거란족과 대적하고 있었으며, 그러는 동안에 압록부의 남쪽 경계는 궁예에 의해 점령되었다.

발해가 망하고 고려가 흥하자 서북쪽은 안북부安北府를 경계로 하고 동북쪽은 도련포都連浦를 경계로 하게 되었다. 그 외는 모두 여진족의 구역이 되었다. 성종[107] 때 처음으로 서西여진을 몰아내고 압록강 이남 땅을 차지한 뒤 주州와 진鎭을 설치했다. 한편, 도련포 이북은 여진이 예전처럼 굳게 지켰다. 이곳은 갈라전曷懶甸이라 불렸다. 금나라가 일어난 곳이다.

원나라 초에 합란부合蘭府를 설치하고 화주和州의 쌍성雙城에 예속시키면서 고려·여진의 계수界首[108]라 불렸다. 그 말기에 이르러 쌍성이

---

105 905년.
106 지금의 평안도.
107 고려 제6대 주상(재위 981~997).
108 중심지나 대읍大邑이란 의미인 듯하다.

고려에 점령되었으며, 우리나라에서 용이 일어나고[109] 북방에서 태조
강헌대왕[110]이 하늘이 주신 무예로 강역을 회복했다. 세종장헌대왕은
장수에게 출정을 명하셔서 야인들을 매질하고 치신 뒤에 6진을 설치
하셨다. 이렇게 해서 두만강이 국경이 됨으로써 발해의 용원부·남해
부·솔빈부 등지가 판도 안에 들어오게 되었다. 훌륭하고 빛나며 원
대하신 계획이 이전 왕조를 훨씬 더 능가했다.

또 생각해보면, 압록부가 관할하는 신주·환주·풍주·정주 등 네 개
주 중에서 환주는 지금의 강계부이고 신주는 지금의 폐사군 등지라는
것은 이미《당서》〈지리지〉를 인용하며 말했다. 그런데 풍주·정주 등
두 개 주의 연혁에 대해서도 살펴볼 게 있다. 고구려는 북풍北豊에서
풍홍馮弘[111]을 살해하고 소성황제라는 시호를 부여했다. 오늘날 운산
군雲山郡[112]에 황제 무덤이 있다. 전해지는 바에 따르면 풍홍이 묻힌 곳
이라고 하니, 운산이 바로 고구려의 북풍이고 발해의 풍주豊州인 것
이다.《요사》〈지리지〉에서는 정주正州가 본래 비류왕沸流王의 고토라

---

109 원문은 아국가용흥我國家龍興이다. 이성계가 조선을 건국한 사실을 이렇게 표현했다.
110 이성계.
111 5호16국시대의 왕조인 북연北燕의 제3대이자 마지막 황제다. 재위기간은 430~436년이
    다. 북중국의 최강국인 북위北魏의 침공을 견디다 못해 나라를 버리고 고구려로 망명했다.
    당시의 고구려 군주는 장수태왕이다. 고구려 망명 뒤에 독자 세력을 구축하려 하다가 장
    수태왕의 제지를 받자 남중국의 유송劉宋 왕조로 망명을 시도했다. 이 때문에 장수태왕에
    의해 살해되었다.
112 평안북도 중앙에 있다.

고 했다.《동국여지승람東國輿地勝覽》에서는 성천부成川府가 본래 비류
왕 송양松讓의 도읍이라고 했으니, 성천부가 발해 때의 정주였음이
분명해진다.

渤海新羅分界: 唐書, 云. 渤海, 南, 接新羅, 以泥河, 爲境. 賈耽郡
國志, 曰. 自新羅泉井郡, 至渤海柵城府, 三十九驛. 淸一統志, 曰.
平壤府, 漢樂浪郡, 高句麗長安城, 一名王險城, 唐, 置安東都護府,
後, 陷於渤海. 文獻備考, 曰. 新羅, 統合之後, 東北, 以泉井郡之炭
項關, 爲界, 泉井郡, 今德源府也. 西北, 以唐嶽縣, 爲界, 今中和府
也. 自中和, 而東, 歷今之祥原, 遂安, 谷山, 以抵于德源, 皆其邊塞
也. 泥河, 當在德源府界內.

按. 渤海地理, 唐書, 雖畧其敍, 某地, 爲某府, 及五京位置, 甚詳.
而爲遼史, 所亂. 遼, 並渤海, 移民, 徙邑, 多帶舊号, 撰志者, 不復
區別. 淸統志, 云. 渤海, 所置, 五京十五府六十二州, 多在今吉林
烏喇, 寧古塔及朝鮮界. 其遼東故地, 雖入渤海, 建置, 無聞. 遼史,
謂皆渤海之舊, 其實, 未盡然者. 可謂確論, 如, 從遼史, 則其東京,
在西京之西, 中京, 又在東京之西, 甚不可也. 雖然, 非遼史, 無以
見渤海郡縣之名. 故, 先敍唐書, 次敍遼史, 釋其山川, 遂以他史,
雜証之. 然後, 五京十五府, 秩然, 有序. 北, 限黑龍江, 東, 濱海,
西, 至開原藩陽等處, 南, 界咸鏡道之德源府, 平安道之平壤府, 幅
員, 始可見. 遼志, 所述, 郡縣, 各從其府, 如表, 振領, 云爾.

又按. 三國史. 弓裔, 曰. 往者, 新羅, 請兵於唐, 以破高句麗, 平壤

舊都, 鞠, 爲茂艸. 僞, 開元, 聖冊元季, 分定湞西十三鎭. 平壤城主
黔勇, 降. 是時, 大諲譔, 方, 与契丹, 相拒, 而鴨淥府南界, 已爲弓
裔, 所奪. 渤海, 亡, 高麗, 興, 西北, 以安北府, 爲界, 東北, 以都連
浦, 爲界. 而其外, 皆爲女眞之區. 成宗時, 始, 逐西女眞, 收鴨淥江
以南地, 置州鎭. 都連浦以北, 女眞, 依舊, 盤據. 稱曷懶甸. 金之所
起也. 元初, 置合蘭府, 進據和州之雙城, 号爲高麗女眞界首. 及其
季世, 雙城, 爲高麗, 所破, 而我國家, 龍興, 北方, 太祖康獻大王,
天縱神武, 恢拾彊宇. 世宗莊憲大王, 命將, 出師, 撻伐野人, 布置
六鎭. 以豆滿江, 爲界, 然後, 渤海之龍原, 南海, 率賓等地, 皆入於
版圖. 宏謀美烈, 復出前代.

又按. 鴨淥府, 所統, 神桓豐正四州, 桓州, 之爲今江界府, 神州, 之
爲今廢四郡等地, 旣引唐志. 而其豐正二州沿革, 亦有可證者. 高
句麗, 殺馮弘, 於北豐, 諡, 曰昭成皇帝. 今, 雲山郡, 有皇帝冢. 世
傳, 爲馮弘, 所葬, 則雲山, 卽高句驪之北豐, 而渤海之豐州也. 遼
志, 云. 正州, 本沸流王故地. 輿地勝覽, 云. 成川府, 本沸流王松讓
故都, 可明, 成川府, 之爲渤海正州也.

《발해고》제3권 끝.

渤海考卷之三終.

제
4
권

《발해고》 제4권

한산주 유득공 짓다

| 渤海考卷之四

漢山州柳得恭 撰

직관고

職官考

문관직

선조성宣詔省에는 좌상左相·좌평장사左平章事·시중侍中·좌상시左常侍·간
의諫議가 있었다.

중대성中臺省에는 우상右相·우평장사右平章事·내사內史·조고사인詔誥
舍人이 있었다.

정당성政堂省[1]에는 대내상大內相[2] 한 명이 있었으며, 이는 좌상과 우
상의 위에 있었다. 또 좌사정左司政과 우사정右司政 각 한 명이 있었으
며, 이들은 각각 좌평장사와 우평장사의 아래에 있었다. 이들은 복야
僕射와 비교되었다.[3] 또 좌윤左允과 우윤右允은 2승丞에 비교되었다.

---

1   1권본에는 '정대성政臺省'으로 잘못 표기되어 있다.
2   1권본에는 '내각상內閣相'으로 잘못 표기되어 있다.
3   당나라 관직과 비교되었다는 의미다. 본문은《신당서》〈발해 열전〉에 실린 내용이다. 중국
    인들이 발해 관직을 당나라 관직과 비교하면서 집필했기 때문에, 이 부분에 '비교되었다'
    는 표현이 몇 번 등장한다.

좌육사左六司로서 충부忠部·인부仁部·의부義部가 있었으며 각각 한 명씩의 경卿이 있었다. 이들은 사정司政 아래였다. 산하 관청으로 작부爵部·창부倉部·선부膳部가 있었으며 이런 부에는 낭중郎中과 원외員外가 있었다.

우육사右六司로서 지부智部·예부禮部·신부信部가 있었다. 산하 관청으로 융부戎部·계부計部·수부水部가 있었다. 경과 낭중郎中[4]은 좌육사의 경우와 같았다. 이로써 여섯 관청이 병렬되는 것이다.

중정대中正臺에는 대중정大中正 한 명이 있었다. 어사대부에 비교되는 자리로서 사정 밑에 있었다. 또 소정少正 한 명이 있었다.

전중시殿中寺·종속시宗屬寺에는 대령大令[5]이 있었다.

문적원文籍院에는 감監과 영令이 있었다. 감 밑에 소감少監이 있었다.[6]

태상시太常寺·사빈시司賓寺·대농시大農寺에는 경이 있었다.

사장시司藏寺·사선시司膳寺에는 영令과 승丞이 있었다.

주자감冑子監에는 감과 장長이 있었다.

---

4 "경과 낭중"의 원문은 '경낭卿郎'이지만 여기의 낭郎은 문맥상 낭중이다.

5 원문에는 '영令'으로 표기되어 있다. 하지만 《신당서》〈발해 열전〉과 《발해고》 1권본에는 '대령大令'으로 표기되어 있다.

6 이 문장의 원문은 감개유소監皆有少다. 《신당서》〈발해 열전〉의 원문도 마찬가지다. 그런데 이 문장은 문법상 맞지 않다. 감개유소는 직역하면 '감監에는 모두 소감少監이 밑에 있었다'가 된다. '모두'가 들어가려면 '監' 외에 또 다른 것이 있어야 한다. 그러자면 '監' 옆에 '영令'도 있어야 한다. 원문이 감령개유소監令皆有少가 되어야 하는 것이다. 《신당서》 필자가 '令'을 빠뜨렸을 수 있는 것이다. 그렇지 않다면 '개皆'가 잘못 들어간 글자였다는 말이 된다. '皆'가 빠지면 문장이 된다. 본문은 '皆'를 뺀 번역문이다.

항백국巷伯局에는 상시常侍가 있었다.

▎文職: 宣詔省, 左相, 左平章事, 侍中, 左常侍, 諫議, 居之. 中臺省, 右相, 右平章事, 內史, 詔誥舍人, 居之. 政堂省, 大內相, 一人, 居左右相上. 左右司政, 各一人, 居左右平章事之下. 以比, 僕射. 左右允, 比二丞. 左六司, 忠仁義部, 各一卿. 居司政下. 支司, 爵倉膳部, 部, 有郎中, 員外. 右六司, 智禮信部. 支司, 戎計水部. 卿郎, 準左. 以比六官. 中正臺, 大中正, 一. 比御史大夫, 居司政下. 少正, 一. 殿中寺, 宗屬寺, 有令. 文籍院, 有監, 令. 監, 皆有少. 太常寺, 司賓寺, 大農寺, 有卿. 司藏寺, 司膳寺, 有令, 丞. 冑子監, 有監, 長. 巷伯局, 有常侍.

무관직[7]

좌맹분위左猛賁衛 · 우맹분위右猛賁衛, 좌웅위左熊衛 · 우웅위右熊衛, 좌비위左羆衛 · 우비위右羆衛, 남좌위南左衛 · 남우위南右衛 · 북좌위北左衛 · 북우위北右衛가 있으며, 각각 대장군 한 명과 장군 한 명이 있었다.

▎武職: 左右, 猛賁, 熊衛, 羆衛, 南左右衛, 北左右衛, 各, 大將軍, 一, 將軍, 一.

---

7 무관직 항목의 경우에는 1권본보다 내용이 약간 줄었다.

관복[8]

3질秩[9] 이상은 자주색 옷을 입고 상아홀과 금어대金魚袋[10]를 갖췄다. 5
질 이상은 붉은색 옷을 입고 상아홀과 은어대를 갖췄다. 6질과 7질은
연한 붉은색 옷을 입고 나무홀을 들었다. 8질은 녹색 옷을 입고 나무
홀을 들었다.

┃ 品服: 三秩以上, 紫衣, 牙笏, 金魚. 五秩以上, 緋依, 牙笏, 銀魚. 六
秩, 七秩, 淺緋衣, 木笏. 八秩, 綠衣, 木笏.

---

8 1권본에서는 〈의장고〉로 독립되어 있었던 항목이다.
9 1권본의 〈국어고〉에 따르면, '질秩'은 '품品'과 같은 뜻이다.
10 금으로 만든 물고기 모양의 부절符節을 넣는 주머니.

예문고¹¹

藝文考

당나라 현종이 무왕에게 보낸 네 건의 서한: 장구령張九齡이 짓다

경이 형제간에 다툼을 벌인 탓에 문예¹²가 결국 내게 귀순했으니 어찌 따르지(일설에는 '받아주지')¹³ 않을 수 있겠는가? 그러니 그를 서부 변방¹⁴에 둔 것은 경 때문이다. 또한 잘못된 일이 아니라 적절한 일이었다고 말할 수 있다. 어째서 그런가. 경의 땅이 비록 바다 귀퉁이에 있기는 해도 항상 중국 문화를 배웠으므로, 형제간의 우애로 말한다면 가르치고 배우고 할 필요가 있겠는가. 골육간의 정은 깊은 것이니, 처음부터 차마 어쩌지 못하는 일이다. 문예가 설령 악행을 범했

---

11 1권본에서는 〈국서고〉로 썼다.

12 무왕의 동생인 대문예. 앞선 〈군주고〉 무왕 편에서 대문예 이야기가 나왔다.

13 원문에서는 '따르다'를 의미하는 '종從' 아래에 작은 글자로 "일설에는 용容으로 적는다"는 해설을 달았다.

14 원문에서는 변방을 의미하는 '수戌'를 본문에 노출한 뒤, 역시 변방을 의미하는 '수戍'를 주석에서 제시했다. "일설에는 수戍라고도 한다"는 주석을 작은 글자로 제시한 것이다.

더라도, 이 역시 받아주어서 그가 고치고 조심할 수 있도록 했어야 한다. 하지만 경은 결국 그를 내달라고 한 뒤 동쪽[15]으로 돌아가서 마음대로 도륙하려고 했다.

짐은 효도와 우애를 천하에 가르치고 있다. 그러니 어찌 다시 차마 이런 일을 듣고만 있을 수 있겠는가. 이는 진실로 경의 명예와 몸가짐을 걱정해서이지, 어찌 도망자를 보호하기 위해서이겠는가. 하지만 경은 상국의 은혜도 모른 채 결국 짐(일설에는 '덕')[16]을 배반했다. 경이 믿는 구석은 거리가 멀다는 것뿐,[17] 다른 게 있을 수 없다.

짐은 근년에 포용하고 보살펴주었다. 하지만 중국 땅 안에서 명령을 따르지 않는 자가 있으면, 일이 어느 때고 생길 것이다. 경이 잘못을 뉘우치고 성의를 다한다면 화가 바뀌어 복으로 변할 것이다. 하지만 이미[18] 순종하겠다고 했으면서도 속으로는 여전히 미혹에 집착하여, 문예를 죽인 뒤에야 귀국시키겠다고 하고 있으니 이게 대체 무슨 말인가? 경이 보낸 표문을 보면 역시 충성스럽기는 하지만 세밀히 살펴보면 간단치 않은 일이다.[19]

---

15 발해를 지칭한다.
16 원문에는 짐朕 밑에 "일설에는 덕德으로 적는다"는 주석이 있다.
17 당나라의 공격을 받기 힘든 먼 곳에 있다는 의미다.
18 원문에는 '이已' 밑에 "일실에는 사似로 적는다"는 주석이 있다. '似'를 넣어 해석할 경우에는 "순종하는 듯이 했으면서도"라고 번역된다.
19 여기까지가 첫 번째 서한이다.

▌唐玄宗勑武王書四(張九齡撰)︰卿, 於昆弟之間, 自相忿鬩, 門藝,
窮, 而歸我, 安得不從(一作容). 然, 處之西垂(一作陲), 爲卿之故.
亦云. 不失, 頗謂得所. 何則. 卿地, 雖海曲, 常習華風 至如兄友弟
悌, 豈待訓習. 骨肉, 情深, 自所不忍. 門藝, 縱有過惡, 亦合容其改
脩. 卿, 遂請取, 東歸, 擬肆屠戮. 朕, 教天下, 以孝友. 豈復忍聞此
事. 誠是, 惜卿名行, 豈是保護逃亡. 卿, 不知國恩, 遂爾, 背朕(一作
德). 卿, 所恃者, 遠, 非能有他. 朕, 比年, 含容, 優恤. 中土, 所未命
將, 事亦有時. 卿, 能悔過, 輸誠, 轉禍, 爲福. 言, 則巳(一作似)順,
意, 尙執迷. 請殺門藝, 然後歸國, 是何言也. 觀卿表狀, 亦有忠誠,
可熟思之, 不容易耳.

　당신 나라에서 보낸 선원들과 전에 포로 되었던 사람들이 갖고 온
표문을 많이 받아보니, 경이 정성을 다함이 미진한 데가 없다. 길이
이런 마음을 지키고 영원히 변방의 울타리가 되면 저절로 복을 얻게
될 것이며, 이보다 더한 일도 없을 것이다. 점점 더 쌀쌀해지고 있으
니, 경과 관원들과 백성 이하가 모두 평안하기를 바란다. 글로 보내
는 것이기에 많은 말을 하지는 않겠다.[20]

▌多蒙國所送, 水手, 及承前沒落人等來表, 卿, 輸誠, 無所不盡. 長

20　여기까지가 두 번째 서한이다.

能保此, 永作邊捍, 自求多福, 無以加也. 漸冷, 卿及衙官百姓以下,
竝平安好. 遣書, 指不多及.

경은 지난날 계책을 잘못 세워 재앙을 일으킬 뻔했다. 하지만 도리
를 어긴 지 얼마 되지 않아 올바름에 관해 듣고 교화가 되었으니 그
얼마나 지혜로운 일인가. 짐은 남의 과오는 덮어두고 상대방의 성의
는 받아들인다. 경이 마음을 씻은 것에 대해 참으로 위로의 뜻을 표
한다. 경이 성심과 충절을 다해 동쪽 울타리를 영구히 견고하게 만들
었으니, 자손 백대가 또다시 무엇을 걱정하리오.

사신이 올린 바를 보고 정성을 다 알았다. 아울러 숙위를 바꿔줄 것
을 청한 데 대해서는 이미 그대로 조치를 취했다. 대낭아 등은 이전
에 국법을 범해서 남쪽 변경으로 귀양을 보냈지만 이들에 대해서도
죄를 용서하고 방면하여 속국으로 돌아가게 했다. 경은 이 모든 게
짐의 뜻임을 알 수 있을 것이다. 여름 초반이라 점점 더워지고 있으
니 경과 수령 및 백성들이 모두 다 평안하기를 바란다. 글로 보내는
것이기에 많은 말을 하지는 않겠다.[21]

┃ 卿, 往者, 誤計, 幾於禍成. 而失道, 未遙, 聞義, 能徙, 何其智也.
朕, 棄人之過, 收物之誠. 表卿洗心, 良以慰意. 卿, 旣盡誠節, 永固

---

21 여기까지가 세 번째 서한이다.

東藩, 子孫百代, 復何憂哉. 所(一作近)使呈, 具知款曲. 兼, 請宿衛

及替, 亦已依行. 大郎雅等, 先, 犯國章, 竄逐南鄙, 亦皆, 捨罪, 仍

放歸藩. 卿, 可知之, 皆朕意也. 夏初, 漸熱, 卿及首領百姓等, 竝平

安好. 遣書, 指不多及.

　최근 경의 표문을 보니, 돌궐이 사신을 보내 두 속국을 치자고 했다
고 한다. 해족과 거란족이 지금 우리 밑에 들어와 있는데도, 돌궐이
사적인 원한을 품고 이 속국들에게 앙갚음을 하고자 했던 것이다. 경
이 추종하지만 않는다면, 사신을 보내는 일에 무슨 거리낌이 있겠는
가. 사신을 잡아서 포박하려 한 것은, 도의상 그래서는 안 되는 일이
다. 이것은 인지상정이니 하물며 임금 된 도리로 그럴 수 있겠는가.
그러고 보니 경이 충성스러워서 일이 생기면 반드시 보고하고 있다
는 것을 알 수 있다. 그런 성의를 영원토록 가진다면, 경사가 다함이
없을 것이다.[22]

▎近, 得卿表, 云. 突厥, 遣使, 求合擬打兩藩. 奚及契丹, 今, 旣內屬,
　而突厥, 私恨, 欲讐此藩. 卿, 但不從, 何, 妨有使. 擬行執縛, 義, 所
　不然. 此是, 人情, 況爲君道. 然則, 知卿忠赤, 動, 必以聞. 永保此
　誠, 慶流, 未已.

22　여기까지가 네 번째 서한이다.

무왕이 일본국 성무천황聖武天皇에게 보낸 서한[23]

무예가 말씀드립니다. 산과 강이 다르고 국토가 같지 않지만 풍모와 지략을 멀리서 들으니 더욱더 우러러보게만 될 뿐입니다. 엎드려 생각해보면, 대왕의 조정이 천명을 받아 일본의 기틀을 열자 광명이 대대로 비치었으며 후손이 백세에 이르렀습니다. 무예가 욕되게도 여러 나라를 주관하고 외람되게도 여러 속국들을 합해서 고구려의 고토를 회복하고 부여의 유산을 갖게 되었습니다.

그런데 하늘 끝이 아득하고 바다는 멀고도 멀어 소식이 통하지 않으니, 길흉이 있어도 안부가 끊어지게 되었습니다. 친밀함과 어짊으로 결합하고 옛 가르침에 따라 화합하며 사신을 교류하고 이웃을 방문하는 일을 지금부터 시작하고자 합니다. 영원장군寧遠將軍 낭장郎將인 고인의高仁義, 유장군과의도위遊將軍果毅都尉인 덕주德周, 별장別將인 사나루舍那婁 등 스물네 명을 정중히 파견하면서 서신을 부치며, 담비 가죽 300장을 함께 봉송합니다. 토산물이 변변치 않지만 이로써 미나리[24]라도 바치는 정성을 표시하고자 합니다. 예물이 진귀하지 않아서 말없는 꾸짖음이 있지 않을까 부끄럽습니다. 이치에 따라 처리하고자 했지만 한계가 있고, 속을 열어 보여드리고자 했지만 기약이 없

---

23 이하의 서한들은 1권본과 같다. 그런데 이 서한들에 나오는 한자 중에는 오자가 많다. 이 부분의 오자는 송기호 교수의 1권본 번역서에서 잘 교정되어 있다. 그래서 원문의 오탈자를 그대로 싣되, 원래의 정확한 글자를 송기호 교수의 번역서를 근거로 각주에 표시했다.

24 변변치 못한 물건이란 뜻을 담고 있다.

으니, 때때로 소식을 들으며 이웃 간의 우호를 영원히 돈독히 했으면
합니다.

▎武王與日本國聖武天皇書: 武藝, 啓. 山河, 異域, 國土, 不同, 延聽
風猷, 但增, 傾仰. 伏惟, 大王天朝, 受命, 日本, 開基, 奕葉, 重光,
本支, 百世. 武藝, 忝, 當列國, 濫, 總諸藩, 復高麗之舊居, 有扶餘
之遺俗. 但, 以天涯, 路阻, 海漢, 悠悠, 音耗, 未通, 吉凶, 絶問. 親
仁, 結援, 庶叶, 前經, 通使, 聘隣, 始乎今日. 謹, 遣寧遠將軍郎將
高仁義, 游將軍果毅都尉德周, 別將舍那婁二十四人, 賷狀, 並附
貂皮三百張, 奉送. 土宜, 雖賤, 用表獻芹之誠. 皮幣, 非珍, 還慚掩
口之誚. 主理, 有限, 披膳, 未期, 時, 嗣音徽, 永, 敦隣好.

문왕이 일본국 성무천황에게 보낸 서한

흠무가 말씀드립니다. 산하가 아득히 떨어져 있고 국토가 멀고도 멀
어 풍모와 지략을 듣고도 그저 우러러보기만 할 뿐입니다. 엎드려 생
각해보면, 천황의 거룩한 대궐에서 최고의 덕이 멀리 퍼지고 대대로
광명이 비치며 만백성한테 혜택이 흘러들어 갑니다. 흠무가 욕되게
도 조상의 왕업을 이어받고 외람되게도 통치를 하고 있지만 처음 했
던 그대로 의리가 넉넉하고 우정이 깊어지도록 항상 우호를 닦고자
합니다.

지금 귀국 사신 조신광업朝臣廣業 등이 바람과 조류 때문에 방향을
잃고 이곳으로 표류해 왔습니다. 이들 각자에게 후하게 베풀고 있고,

봄이 되면 돌려보내려 합니다. 그런데 사신들이 다가올 고초를 자초하려는 듯 연내에 귀환할 수 있게 해달라고 요청하고 있습니다. 요청하는 말이 매우 간절한 데다가 이웃나라의 의리도 가볍지 않아서, 행장이 갖추어지면 곧바로 출발시키고자 합니다.

이에, 약홀주若忽州 도독 서요덕胥要德 등을 사신으로 삼아 조신광업 등을 인솔하고 귀국으로 가게 하고자 합니다. 더불어 늙은 호랑이 가죽 및 곰 가죽 각각 7장, 담비가죽 6장, 인삼 30근, 꿀 3곡斛을 진상하오니, 그곳에 도착하면 잘 살피시어 받아주시기 바랍니다.

▎文王與日本國聖武天皇書: 欽茂, 啓. 山河, 杳絶, 國土, 夐遠, 仰望風猷, 惟增傾仰. 伏惟, 天皇聖殿, 至德, 遐暢, 奕葉, 重光, 澤, 流萬姓. 欽茂, 忝, 係祖業, 濫, 總, 如始, 義洽, 情深, 每修隣好. 今, 彼國使朝臣廣業等, 風潮, 失便, 漂落投此. 每加優賞, 欲待來春, 放迴. 使等, 貪前苦, 請乃季歸去. 祈辭, 至重, 隣義, 非輕, 因備行資, 卽爲發遣. 仍差若忽州都督胥要德等, 充使, 領廣業等, 令送彼國. 並, 附大蟲皮羆皮各七張, 貂皮六張, 人蔘三十斤, 蜜三斛, 進上, 至彼, 請, 檢領.

강왕이 일본국 환무천황桓武天皇에게 보낸 네 건의 서한

하늘께서 재앙을 내리시어 위 세대[25]이신 대행대왕[26]께서 대흥[27] 57년 3월 4일[28] 훙거하셨습니다. 선린의 취지에 따라 길사와 흉사는 필시 알려야 하지만 넓은 바다 때문에 이렇게 늦게 알리게 되었습니다. 숭

린은 경황도 없이 화를 당했습니다. 스스로 죽지 못하고 불효한 죄가
심히 괴롭습니다. 그래서 벌을 달게 받아 마땅합니다. 정중히 글을
갖춰 별도로²⁹ 올립니다. 글이 거칠고 어지러우며 두서가 없습니다.
외로이 된 자손, 대숭린이 머리를 숙입니다.³⁰

▎康王与日本國桓武天皇書四: 上天, 降禍, 祖大行大王, 以大興
　　五十七季三月四日, 薨背. 善隣之義, 必聞吉凶, 限以滄溟, 所以,
　　緩告. 崇璘, 無狀, 招禍. 不自滅亡, 不孝罪, 苦, 酷罰罪苦. 謹狀,
　　力, 奉啓. 荒迷, 不次. 孤孫大崇璘, 頓首.

부음에 관해서는 이미 별도로 글을 갖춰서 올렸습니다. 엎드려 바
라옵건대, 천황 폐하께서 하시는 일들에 만복이 깃들며, 드시고 주무
시는 데도 건승하시기를 바랍니다. 숭린은 목숨을 구차히 연장하다
가 갑자기 초상을 당했지만 관료들이 의로움으로 감동을 줘서 생각
을 없애고 감정을 억제하게 되었습니다. 그리하여 나라의 기틀을 일

25　원문은 '조祖'다. 문왕이 강왕의 아버지였으므로 할아버지로 번역하기보다는 위 세대로
　　번역하는 게 타당하다고 생각해 본문과 같이 처리했다. '祖'라는 한자에는 위 세대 사람이
　　라는 뜻도 포함되어 있다.
26　문왕(재위 737~793)을 가리킨다. 대행대왕은 죽은 직후부터 시호가 생기기 전까지의 임금
　　을 가리킨다.
27　문왕 때의 연호다.
28　793년 4월 18일이다.
29　원문에는 '역力'으로 되어 있지만 '영另'의 오자다.
30　여기까지가 첫 번째 서한이다.

으켜 세우고 선열의 법통을 안정시킬 수 있었습니다. 이로 인해 조정의 기강이 옛날처럼 되고 강역도 원래대로 될 수 있었습니다.

스스로 돌아보고 생각해보면, 실로 특별한 은총을 입었습니다. 하지만 바닷물이 육지까지 뒤덮고 파도가 하늘까지 용솟음쳐 선물을 올리려 해도 올릴 방법이 없어 고개 숙여 우러르는 마음만 더할 뿐이었습니다. 정중히 광간대부 겸 공부낭중 여정림 등을 바다 건너가서 인사를 올리도록 하고, 아울러 기존의 우호를 닦고자 합니다. 얼마되지 않은 토산물은 별도의 문서에 적혀 있습니다. 황망하고 혼미해서 두서가 없었습니다.[31]

▎哀緒, 已, 具別啓. 伏惟, 天皇陛下, 動止, 萬福, 寢膳, 勝常. 崇璘, 視息, 苟延, 奄及祥制, 官僚, 感義, 奪志, 抑情. 起續洪基, 祇統先烈. 朝維, 依舊, 封域, 如初. 顧自, 思惟, 實, 荷殊眷. 而滄溟, 括地, 波浪, 湧天, 奉膳, 無由, 徒, 增傾仰. 謹, 差庭諫大夫工部郎中呂定琳等, 濟海, 起居, 兼, 修舊好. 其少土物, 具在別狀. 荒迷, 不次.

숭린이 말씀드립니다. 사신을 속히 보내주셔서 인정과 의례를 귀하게 베풀어주시는데도, 우두커니 선 채 후한 돌봄만 받고 그저 바라보기만 하면서 공연히 애만 쓰고 있습니다. 천황께서 갑자기 두터운

---

31 여기까지가 첫 번째 서한에 첨부된 별도의 서한이다.

은혜를 내리시고 사신을 통해 가르침을 내려주시니, 훌륭한 말씀이 귀에 넘치고 진기함이 눈앞에 넘칩니다. 굽어보고 올려보며 저 혼자 기뻐하니, 엎드려 안위와 기쁨을 더하고 있습니다. 여정림 등이 변경의 위험을 예견하지 못해 적진에 붙잡히자 구원의 은혜를 내리시어 본국으로 돌려보내 주셨습니다. 받들어 생각해보면, 오고 감이 모두 천황께 달려 있습니다.

외람되게도 승린은 덕이 부족한데도 요행히 시운을 탔습니다. 그래서 관직의 경우는 선대의 관작을 계승하게 되고, 영토의 경우는 이전에 책봉받은 곳을 통치하게 되었습니다. 칙명과 책서策書[32]가 하사되어 왔으며, 금 도장과 자줏빛 도장 끈이 먼 데서도 빛을 발했습니다.

훌륭한 나라와 더불어 예를 갖추고자 귀국과 우호를 맺고자 합니다. 때마다 알현하러 감으로써 돛대와 돛이 서로 마주 대하게 하고 싶습니다.[33] 하지만 큰 나무를 목재로 삼고 싶어도, 땅이 좋지 않습니다.[34] 그래서 작은 배로 바다를 항해하니, 침몰되거나 그렇지 않으면 위태롭습니다. 어떤 때는 바닷길을 잘못 들어서서 오랑캐의 공격을 당하기도 합니다. 위대한 교화를 사모한다 해도, 그런 장애물들이 있으니 어찌할 수 있겠습니까?

---

32 임명장.
33 앞뒤 선박들의 돛대나 돛이 닿을 정도로, 빽빽하게 이어진 사신단 선박들을 보내고 싶은 마음이 있다는 의미다.
34 대형 선박을 만들 형편이 아니라는 의미다.

만약 기존의 우호관계를 지속적으로 유지하고 다행히도 왕래를 허락해주신다면, 파견하는 사신이 20명[35]을 넘지 않도록 하고 이를 한도로 하여 항구적인 규범으로 삼았으면 합니다. 주기를 몇 년 간격으로 할 것인지는 그쪽 결정에 맡기고자 합니다. 결정을 전해주는 사신이 올가을에 오기를 희망합니다. 찾아뵙는 주기를 결정해주시면, 덕스러운 이웃으로 항상 남아 있을 것입니다. 만약 저희가 바라던 것과 다른 쪽으로 사안이 처리된다면, 수용하실 수 없다는 점을 알려주시기 바랍니다.

보내주신 견 견직물 20필, 시 견직물 20필, 실 100구, 솜 200둔은 수량대로 수령했습니다.

지금 광악廣岳 등이 사신 업무를 대충 끝냈으므로, 끝날 때를 신중히 정해 사람을 시켜 사신을 배웅하고자 했습니다. 또 새로운 명령을 내려주시는 은혜를 감사함으로 기다리고자 했습니다.[36] 그런데 사신들이 본국 조정의 지시를 아직 받들지 못했다면서 사양했습니다.[37]

---

35 1권본과 4권본 모두 '2년'으로 표기되어 있다. 1권본에는 '2년二秊'으로, 4권본에는 '2계二季'로 표기되어 있다. 하지만 송기호의 1권본 번역서에 따르면, 일본의《국사대계國史大系》에 실린 원문에는 20을 나타내는 '입卄'으로 표기되어 있다.《국사대계》에 실린 원문에 따르면, 이 부분에는 사신 파견 주기가 아니라 사신 숫자가 표기되어야 한다.《국사대계》의 표기가 맞다는 점은, 본문의 바로 뒷부분에서 사신 파견 주기를 일본에 위임하는 부분에서도 나타난다. 바로 뒷부분에서 파견 주기를 일본에 위임하면서 앞부분에서 파견 주기를 2년으로 제안했을 리가 없다.

36 광악 등이 이끄는 일본 사신단 편에 발해 사신을 보내 일본 군주의 메시지를 받으려 했었다는 의미다.

그래서 감히 지체시킬 수 없어 그 뜻을 따르기로 했습니다.

돌아가는 사신 편에 정중히 토산물을 받들어 올립니다. 이는 별도의 문서에 기록되어 있습니다. 저 자신도 이런 물건들이 비루한 것임을 알고 있습니다. 그래서 참괴함을 억누를 길이 없습니다.[38]

▌崇璘, 啓. 差使, 奔波, 貴申情禮, 佇承殊眷, 瞻望, 徒勞. 天皇, 頓降敦私, 貺之使命, 佳聞, 盈耳, 珍奇, 溢目. 俯仰, 自欣, 伏, 增慰悅. 其定琳等, 不料邊虞, 被陷賊場, 俯垂恤存, 生還本國. 奉惟大造, 去留, 同賴. 崇璘, 猥, 以冥德, 幸, 屬時來. 官, 承先爵, 土, 統舊奉[39]. 制命策書, 多中錫及, 金印紫綬, 遼外, 光耀. 思欲修禮勝邦, 結交貴國. 歲時, 朝覲, 桅帆, 相望. 而巨木, 掄材, 土之難長. 小船, 泛海, 不波[40], 則危. 每或[41]引海, 不謹[42], 遭罹夷害. 雖慕盛化, 如艱阻何. 倘, 長尋舊好, 幸, 許來往, 則送使, 雖不過二季, 以玆, 爲限, 式作永規. 其隔季, 多少, 任聽被裁. 裁定之使, 望於來秋, 許以往期, 則德隣, 常在. 事, 与望, 則異, 足表不依. 其所寄, 絹二十疋, 絁二十疋, 絲一百約, 綿二百屯, 依數, 領足. 今, 廣岳等, 使事, 畧

---

37 발해 사신과 함께 귀국하려면 본국 조정의 지시를 받아야 하는데 그럴 수 없다며 사양했다는 의미다.

38 여기까지가 두 번째 서한이다.

39 '봉奉'은 '봉封'으로 정정되어야 한다.

40 '파波'는 '몰沒'로 정정되어야 한다.

41 '매혹每或'은 '혹역或亦'으로 정정되어야 한다.

42 '근謹'은 '해諧'로 정정되어야 한다.

畢, 情求追時, 便欲差人, 送使. 奉諭[43]新命之恩. 使等, 辭以未奉本朝之旨. 故, 致淹滯, 隨意, 依心. 謹, 因回次, 奉附土物. 具在別狀. 自, 知鄙薄. 不勝羞媿.

숭린이 말씀드립니다. 사신 내장하만_{內藏賀萬} 등이 도착했습니다. 보내주신 서적, 선물인 견 견직물 및 시 견직물 각 30필, 실 200구, 솜 300둔을 수량대로 잘 받았습니다. 실로 깊은 위안이 되었습니다.

대해가 또다시 하늘까지 넘쳐 오르고 푸른 파도가 태양을 적시게 된다 해도, 또 길이 끝없이 멀고도 멀어서 저 먼 곳에 구름과 노을만 보인다 해도, 동남쪽 바람에 배를 띄워서 기일에 맞춰 고국의 포구로 돌아갈 수 있도록 하고,[44] 하늘 높은 곳의 기후까지 헤아려 식량이 부족함이 없도록 하겠습니다.[45] 상호 간에 합치되어 인간의 도의에 저절로 들어맞고 남과 북[46]에서 뜻이 맞으니, 이 어찌 천심에 부합하는 일이라고 말하지 않을 수 있겠습니까?

숭린은 기존의 봉토를 이어받고 조상의 유업을 계승하여, 멀리서나마 훌륭한 가르침을 입으며 평상시에 항상 직접 실천하고 있습니

---

43 '諭'는 '謝'의 오자로 보아야 한다.
44 기후상의 장애에도 일본 사신단이 제때 돌아갈 수 있도록 하겠다는 의미다.
45 기상상태를 예측하고 그에 맞는 분량의 식량을 실어 보내겠다는 뜻인 것 같다. 기상조건이 안 좋아서 도착이 지연될 경우를 대비하겠다는 의미인 듯하다.
46 남과 북은 일본과 발해다.

다. 천황께서 멀리서 윤음을 내리시고 거듭해서 사신을 통해 명령을 보내주시니, 은혜가 두터워 가슴에 새겨졌으며 또 위로해주시고 깨우쳐주심이 은근히 다가왔습니다. 거기다가 서신까지 써주시면서 전에 요청 드린 것도 살펴주시고 선물도 빼놓지 않으셨으며 연한[47]까지 정해주셨습니다. 그래서 서신 교류를 통해 다행히도 잘못을 방지할 수 있게 되었습니다.[48] 그러니 보살펴주시는 마음이 여느 때와 다르다는 것을 알 수 있습니다.

그런데 일개 작은 배로는 항해가 어렵다는 말씀은 잘 받들어 알았습니다만 6년을 기한으로 하라는 말씀에 대해서는 너무 지체되는 게 아닌가 하는 걱정이 조심스레 듭니다. 청하옵나니, 좋은 방도를 다시 내려주시고 널리 귀감 될 만한 내용을 회답해주시기를 바랍니다. 기한을 당겨주심으로써 저희가 원래 기대했던 대로 해주시기 바랍니다.[49] 그렇게 되면 풍모를 향하는 마음이 정성 부족으로 나태해지지 않고, 고씨[50]의 발자취를 따라 교화를 열심히 따르게 될 것입니다. 또 서신에서 허락하신 것처럼 숫자는 제한하지 않겠다고 하셨지만 사

---

47 사신단의 방문주기.
48 양국교류에 관한 지침을 보내준 덕분에 임의로 행동하지 않을 수 있게 되었다는 의미다.
49 사신교환에 대해 발해가 더 적극적이었던 점을 볼 때, 사신교환에 부가되는 무역관계에서 발해가 흑자를 얻었음을 알 수 있다. 사신교환에 대해 소극적인 쪽은 대개는 그로 인한 무역적자를 걱정하는 경우가 많았다.
50 고구려.

신들의 사정을 조금이나마 헤아려 보내는 사람의 숫자를 줄이도록
하겠습니다.

위군대장군 겸 좌웅위도장 겸 상주국개국자 대창태 등을 사신으로
삼아 정중히 파견하며, 아울러서 예물을 받들어 올립니다. 구체적인
것은 별도 문서에 적힌 대로입니다. 토산물에 특별한 것이 없어서 저
스스로도 부끄러움을 느끼고 있습니다.[51]

| 崇璘, 啓. 使賀萬等, 至. 所貺之書及信物, 絹絁各三十疋, 絲二百
絇, 綿三百屯, 依數, 領足. 慰悅, 實深. 雖復巨海, 漫天, 滄波, 浴
日, 路, 無倪限, 望斷雲霞, 而巽氣, 送帆, 指期, 舊浦, 軋[52]涯斥候,
無闕糇糧. 豈非彼此齊契, 暗符人道, 南北, 義感, 特叶天心者哉.
崇璘, 菈有舊封, 纘承先業, 遠, 蒙善獎, 聿修, 如常. 天皇, 遙降德
音, 重貺使命, 恩從[53]裏抱, 慰諭[54], 慇懃. 况, 復俯記片書, 眷依前
請, 不遺信物, 許以季期. 書疏之間, 喜, 免瑕類. 庇廕之顧, 識異他
時. 而一葦, 難航, 奉知實諭[55]. 六季, 爲限, 竊歎其遲, 請, 更貺嘉
圖, 幷, 迴通鑑. 從[56]其期限, 傍合素裏. 然則, 向風之趣, 自不倦於
寡情, 慕化之勤, 可尋蹤於高氏. 又, 書中, 所許, 雖不限多少, 聊依

---

51 여기까지가 세 번째 서한이다.
52 '알軋'은 '건乾'의 오자로 보아야 한다.
53 '종從'은 '중重'의 오자로 보아야 한다.
54 '유諭'는 '유喩'의 오자로 보아야 한다.
55 '실유實諭'는 '심유審喩'의 오자로 보아야 한다.

206

使者之情, 省給⁵⁷行人之數. 謹, 差衛⁵⁸軍大將軍左熊衛都將上柱國
開國子大昌泰等, 充使, 送國, 兼, 奉副⁵⁹信物, 具如別狀 土, 無奇
異, 自, 知差惡.

숭린이 말씀드립니다. 사신 자야숙녜선백滋野宿禰船白 등이 당도했
습니다. 좋은 소식을 받게 되니 몸이 굽혀지고 황송합니다. 아울러,
선물로 보내주신 견 견직물과 시 견직물 각 30필, 실 200구, 솜 300
둔도 수량대로 받았습니다. 부끄러운 마음이 매우 깊었습니다. 기꺼
이 내려주시는 두터운 정이 가득하다는 것을 엎드려 깨달았습니다.

연전에 덧붙여 올린 글을 통해, 사신 왕래의 연한을 결정해달라고
요청을 드렸었습니다. 작년에 서신을 받아보니, 6년⁶⁰을 주기로 해주
셨습니다. 그래서 숭린이 정성스럽고 열심히 서신을 올려 주기를 단
축해줄 것을 요청했더니, 천황께서 당신의 의견을 버리시고 남들의
의견에 따라 제가 요청한 대로 해주셨습니다.

광주리에 담아 보내드리는 것⁶¹이 진기한 것은 아니겠지만 특별히

---

56 '종從'은 '촉促'의 오자로 보아야 한다.
57 '급給'은 '약約'의 오자로 보아야 한다.
58 '위衛'는 '위慰'의 오자다.
59 '부副'는 '부附'의 오자다.
60 원문은 '반기半紀'다. 1기紀는 목성이 공전하는 12년을 의미한다. 따라서 반기는 6년이다.
61 자신이 보내는 예물을 겸손하게 표현한 말.

윤허해주셨으니 이 기쁨이 어찌 다함이 있을 수 있겠습니까? 근래 천황의 서신이 발포되고 칙사가 조정에 오니, 훌륭한 명령이 한층 더 두터워지고 총애의 표시들이 함께 빛을 발하고 있습니다. 은혜를 입어 음양을 골고루 다스리게 되고[62] 지위가 재상과 같아지니,[63] 제가 부족하고 아둔한데도 특별히 보호를 받고 있다는 생각만 들 뿐입니다. 사신 대창태 등이 일을 전담할 재주가 부족해서 명령을 받들 능력이 없겠지만 관용을 베풀어주신다면 기쁨이 되고 위안이 됨이 갑절로 늘어날 것입니다.

이제 가을 햇살이 약해지고 서늘한 바람이 불기 시작했습니다. 먼 데서 온 손님들이 돌아갈 생각을 하면서 마음으로 그날만 기다리고 있습니다. 때가 되면 지체 없이 배를 돌려보내고 마음대로 하게 해주겠다고 이미 말해두었습니다. 바래다주는 게 옳겠지만 때가 되지 않아 동행시키지 않겠습니다.[64] 정중히, 돌아가는 사신 편에 작은 선물을 받들어 올립니다. 구체적인 것은 별도의 문서에 적힌 바와 같습니다.[65]

▎ 嵩璘, 啓. 使船白等, 至. 枉辱休問. 兼, 信物, 絹絁各三十疋, 絲二百絇, 綿三百屯, 依數, 領足. 襃媿, 實深. 嘉貺厚情, 伏, 知稠疊.

---

62 옛날 군주들은 자신이 하늘의 위임을 받아 천지만물의 음양을 주관한다고 믿었다.
63 자기 자신을 일본 군주의 신하인 일본 재상과 동격에 두는 겸손의 표현이다.
64 발해 사신이 일본까지 바래다주게 되면 발해 사신의 방문주기를 어기게 되므로 그렇게 하지 않겠다는 의미다.
65 여기까지가 네 번째 서한이다.

前季, 附啓, 請許裁量往還. 去歲, 承書, 遂, 以半紀, 爲限. 崇璘, 情勤馳係, 求縮程期, 天皇, 舍己, 從人, 便依所請. 筐篚, 攸行, 雖無珍奇, 特, 見允依, 荷欣, 何極. 比者, 天書, 降海, 制使, 莅朝, 嘉命, 優加, 寵章, 總萃. 班沾爕理, 列等端揆, 惟念寡菲, 殊, 蒙庇廕. 其使昌泰等, 慙專對, 將命非能, 而承睍優容, 倍增嘉慰. 而今秋暉, 欲暮 序惟涼風. 遠客, 思歸, 指[66]勞望日. 崇迨時節, 無滯, 回帆, 旣許隨心. 正宜, 相送, 未及馹[67]限, 不敢同行. 謹, 自[68]回使, 奉附輕尠. 具如別狀.

생각해보면,[69]《삼국사기》에는 고구려가 일본과 교류했다는 이야기가 나오지 않지만 일본 사서에는 꽤 자주 나온다. 고구려 때는 서해안에서 배를 띄운 뒤 백제의 오른쪽 해안[70]을 돌아서 축자도에 배를 대어야 했다. 발해의 경우에는 곧바로 동해를 건너서 출우·능등·가하 땅에 도착했다.

한나라 이래로 왜倭와 한韓은 대방군帶方郡에 속했다.[71] 왜왕 진珍[72]이

---

66 '지指'는 '기期'의 오자로 보아야 한다.
67 '일駒'은 '기期'의 오자로 보아야 한다.
68 '자自'는 '인因'의 오자로 보아야 한다.
69 "생각해보면"부터 이어지는 내용은 유득공의 논평이다. 1권본에는 없는 내용이다.
70 아래 지방을 내려다보는 백제왕의 관점에서는 오른쪽이지만 우리의 관점에서는 왼쪽이다.
71 원문에는 이 문장 바로 뒤에 '왜倭와 한韓 등'이라는 구절이 또 있다. 뒷부분이 이 구절과 이어지지 않는 것을 보면, 실수로 잘못 써 넣은 구절이 아닌가 싶다.

예전에 사지절도독使持節都督 왜·백제·신라·임나任羅·진한秦韓·모한慕韓 육국제군사六國諸軍事 안동대장군 왜국왕을 자칭한 일이 있다.[73] 신라·백제를 포함한 여러 나라의 군사와 관련해 어느 때 지휘권을 받았다는 말인가. 모두 다 스스로 부풀린 말에 불과하다.

성무천황은 고씨와 형제국이었다는 것을 숨길 수 없었지만 유독 대씨가 조카를 자처하는 것에 대해서는 꾸짖음을 보냈다. 그러나 발해의 국서를 살펴보면, 이 역시 이웃의 대등한 나라를 상대로 한 예절을 다했을 뿐이다. 이는 외국 사람을 대하는 사무 속에 있었으므로 모를 수가 없는 것이었다.

▌按. 三國史, 未見高句麗通日本, 而日本史, 頗有之. 高句麗時, 當自西沿, 開帆, 循百濟之右岸, 泊於筑紫道. 渤海, 則徑涉東溟, 泊其出羽, 能登, 加賀之地. 自漢以來, 倭韓, 屬於帶方. 倭与韓等. 爾倭王珍, 嘗自稱使持節都督倭百濟新羅任羅秦韓慕韓六國諸軍事安東大將軍倭國王. 羅濟諸國兵, 何嘗受其節度耶. 盖亦, 自夸之辭也. 聖武天皇, 不能掩与高氏, 爲兄弟, 而獨誚大氏之稱甥. 然, 考渤海國書, 亦執隣敵之禮. 此, 是行人之掌, 故不可不知.

---

72 왜오왕시대(413~478)의 군주.

73 왜왕 진이 남중국 왕조인 유송을 상대로 본문과 같은 직책을 책봉해달라고 요구한 일이 있다. 이것은 일본과 한반도에 대한 군사적 통솔권을 형식적으로나마 인정해달라는 요청이었다. 하지만 유송은 이를 거절했다. 백제와의 관계를 고려했기 때문이다.

부록 정안국고⁷⁴

(附)定安國考

정안국定安國은 본래 마한馬韓 종족이다. 거란에게 망한 뒤 서부 변경⁷⁵을 갖게 되었다. 송나라 태조 때인 개보 3년,⁷⁶ 그 임금 열만화烈萬華가 여진 사신을 통해 표문을 올리고 갖옷을 바쳤다. 태종이 태평흥국 기간⁷⁷에 먼 지방을 공략할 목적으로 거란을 공격하고자 할 때 이 나라에 조서를 내려 협공의 형세를 만들어달라고 요청했다.⁷⁸ 이 나라도 적의 침략이 끊이지 않아 한을 품고 있었으므로 제왕의 군대에 의지해 그간의 울분을 풀고 싶어 했다. 그래서 조서를 받고 매우 기뻐했다. 6년⁷⁹ 겨울, 여진이 사신을 보내 조공을 하러 갔다.⁸⁰

---

74 1권본에서의 제목은 〈속국고〉였다.
75 발해가 거란에게 망한 뒤 정안국이 발해 고토의 서쪽 변경에 자리를 잡게 되었다는 의미다.
76 970년.
77 송나라 태종의 재위기간 중인 976~983년이다.
78 이 문장("태종이~요청했다")은 1권본에는 없다. 《송사》〈정안국 열전〉에 나오는 내용이다.
79 태평흥국 6년. 981년이다.
80 여진 사신의 목적지는 송나라다.

길이 이 나라를 경유하므로 그 사신에게 표문을 올려주도록 부탁했다.

"정안국왕, 신 오현명烏玄明이 말씀을 드립니다. 엎드려 성군을 만나니, 하늘 같고 땅 같은 은혜를 입게 됩니다. 이족·맥족의 습속을 어루만져 주시니, 신 오현명은 진실로 기쁘고 기뻐서 머리를 숙이고 숙입니다.

신은 본래 고구려 고토의 발해 유민으로서 한쪽 귀퉁이에 의지해 세월을 보내고 있습니다. 그러면서 크고 두터운 은덕을 우러러보며 한없는 은택에 깊이 잠기게 되었습니다. 그로 인해 저의 자리를 지키고 본성을 지킬 수 있었습니다.

그런데 근년에 거란이 자신의 강포함만 믿고 영토에 쳐들어와 성과 요새를 함락시키고 백성들을 사로잡아 갔습니다. 하지만 돌아가신 할아버지께서는 절개를 지켜 항복하지 않았으며, 대중을 거느리고 피신하여 백성을 겨우 보존한 덕에 지금까지 이를 수 있었습니다. 거기다가 부여부가 최근에 거란을 배반하고 저희 나라에 귀부했습니다. 앞으로 재앙이 닥치게 되면, 그보다 더 크지 않을 것입니다.[81]

마땅히 해야 할 일은 황제의 조정으로부터 밀지를 받아 정예군을

---

81 부여부가 정안국으로 돌아선 일로 인해 거란의 보복이 심해질 것이라는 의미다.

이끌고 가서 토벌을 돕는 것입니다. 그렇게 해서 적에게 꼭 복수를 하고자 합니다. 감히 명령을 위반하는 일은 없을 것입니다. 신 오현 명은 진실로 간절히 원하고 있습니다. 머리를 숙이고 또 숙입니다. 원흥元興[82] 6년 10월 일,[83] 정안국왕 신 오현명, 거룩한 황제 앞에 표문을 올립니다."

태종은 칭찬하고 격려하는 조서로써 회답을 보냈다. 이때는 송나라가 거란을 공격하고자 했기 때문이다. 단공 2년,[84] 그쪽 왕자가 여진 사신을 통해 말과 깃털이 새겨지고 소리가 나는 화살촉을 진헌했다. 순화 2년,[85] 그쪽 왕자 태원太元이 여진 사신을 통해 표문을 올렸다. 그 후로는 사신을 보내지 않았다. 고려 현종 9년,[86] 정안국 사람 골수骨須가 도망쳐왔다.

생각해보면, 태종 때인 태평흥국 시기에 여진이 송나라에 조공한 길은 바다를 항해하는 길이었다. 사문도沙門島를 경유하고 정안국을 지나는 길이었다. 그래서 그쪽 사신에 부탁해서 표문을 올려주도록

---

82 당시 송나라의 연호가 태평흥국이었으므로 원흥 연호는 정안국의 것으로 보인다. 송나라를 상국으로 떠받들면서도 자기 연호를 사용한 것은, 송나라의 파병 요청을 수락해주는 위치에 있었기 때문으로 보인다.

83 지금도 이런 경우가 있지만 왕조시대의 외교 공문서에는 연월年月 뒤에 구체적인 날짜 없이 일日만 표기하는 경우가 많았다.

84 989년.

85 991년.

86 1018년.

한 것이다. 그 표문에서는 부여부가 거란을 배반하고 자국에 귀부했다고 했다. 부여부는 지금의 개원현開原縣이다. 이로써 그 나라가 지금의 흥경興京, 봉황성鳳凰城 등지에 있었음을 짐작할 수 있지만 아직 고증이 이루어지는 않았다.

▌(附)定安國考: 定安國, 本馬韓之種. 爲契丹, 所破, 保其西鄙. 宋太祖開寶三季, 其王烈萬華, 因女眞使, 上表, 獻裘. 太宗, 太平興國中, 經營遠畧, 討擊契丹, 因降詔本國, 令張掎角之勢. 本國, 亦怨, 寇讐侵侮, 不已, 欲依王師, 以攄宿忿. 得詔, 大喜. 六季冬, 女眞, 遣使, 入貢. 路, 由本國, 乃托使, 上表, 云. 定安國王臣烏玄, 明言. 伏遇聖主, 洽天地之恩. 撫夷貊之俗, 臣玄明, 誠喜誠抃, 頓首頓首. 臣, 本以高麗舊壤, 渤海遺黎, 保攄方隅, 涉歷星紀. 仰覆露鴻均之德, 被浸漬無外之澤. 各得其所, 以遂本性. 而頃歲, 契丹, 恃其强暴, 入寇境土, 攻破城砦, 俘畧人民. 臣祖考, 守節, 不降, 与衆, 避地, 僅存生聚, 以迄于今. 而又扶餘府, 昨, 背契丹, 並歸本國. 災禍將至, 無大於此. 所宜, 受天朝之密畫, 率勝兵, 而討助. 必欲報敵. 不敢違命. 臣玄明, 誠懇誠願. 頓首頓首. 元興六季十月日, 定安國王臣玄明, 表上聖皇帝前. 太宗, 優詔, 答之. 是時, 宋, 欲討契丹故也. 端拱二季, 其王子, 因女眞使, 獻馬, 雕羽鳴鏑, 淳化二季, 其王子太元, 因女眞使, 上表. 其後, 不至. 高麗顯宗九年, 定安國人骨須, 來奔.

按. 宋太宗太平興國中, 女眞, 朝宋之路, 泛海. 由沙門島, 而路過定安. 托使, 付表. 其表, 又云. 扶餘府, 背契丹, 歸本國. 扶餘府者, 今開原縣也. 以此, 推之, 其國, 當在今興京, 鳳凰城等處, 而未可考.

《발해고》제4권 끝.

渤海考卷之四終.

우리가 버린 제국의 역사

발해고

초판 1쇄 인쇄 2017년 1월 26일 초판 1쇄 발행 2017년 2월 7일

지은이 유득공 옮긴이 김종성
펴낸이 연준혁

출판1본부 본부장 김은주
출판4분사 분사장 김남철
편집 이승한

펴낸곳 (주)위즈덤하우스 출판등록 2000년 5월 23일 제13-1071호
주소 (10402) 경기도 고양시 일산동구 정발산로 43-20 센트럴프라자 6층
전화 031-936-4000 팩스 031) 903-3891 전자우편 yedam1@wisdomhouse.co.kr
홈페이지 www.wisdomhouse.co.kr

값 13,000원 ISBN 978-89-6086-323-1 03900

국립중앙도서관 출판시도서목록(CIP)

발해고 : 우리가 버린 제국의 역사 / 유득공 지음 : 김종성 옮김.
— 고양 : 위즈덤하우스, 2017

한자표제: 渤海 考
한자를 한글로 번역
권말부록: 정안국고
ISBN 978-89-6086-323-1 03900 : ₩13,000

911.0369-KDC6
951.901-DDC23   CIP2017001353